RUN FOR COVER

May 10, 1954

BACK TO DOW

He puts his horse down edge of the slope to get to the water.

TITLES GO OUT as we

Bridge - DISSOLVE TO:

AT WATERHOLE Painter Ranch - West side
MATT TIRED & Relaxed - Resigned to a long journey

CURRENT

CURRENT

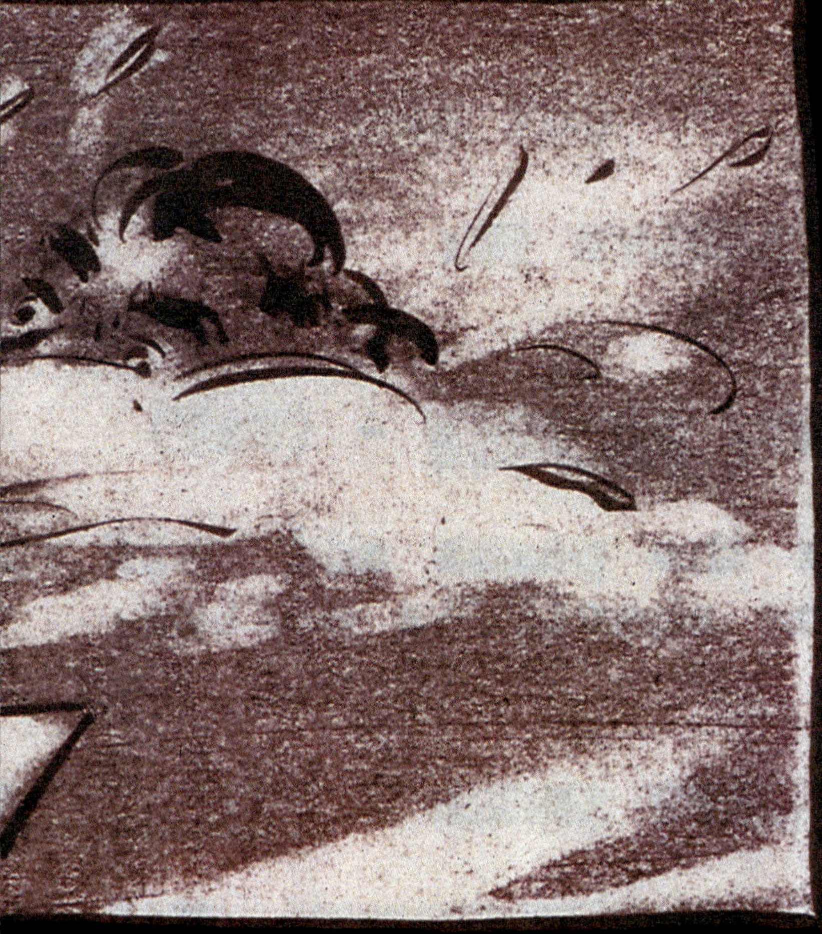

Matt does not have to answer. His guard is down now, and it is written starkly in his eyes for her to see. He finds no words for a moment; when he does, there is a note of vindication, almost of triumph in his voice.

MATT
Davey did fine.

Her arms go around him and she clings to him, holding him tight, her world in one piece again now that he is back, yet with compassion. As they stand embraced, she sees past him -

Jean-Pierre Berthomé est professeur d'études cinématographiques à l'Université de Rennes-II. Il enseigne aussi l'histoire et l'analyse du décor de cinéma aux futurs cinéastes de la FEMIS. Collaborateur régulier de la revue *Positif*, il a déjà publié *Jacques Demy, les racines du rêve* (1982), *Alexandre Trauner, décors de cinéma* (1988) et, en collaboration avec François Thomas, *Citizen Kane* (1992). Il achève actuellement un *Catalogue des longs métrages de fiction tournés en Bretagne* pour la Cinémathèque de Bretagne dont il est président.

Pour Bernard et Jacqueline

Dépôt légal : mai 1995
Numéro d'édition : 70748
ISBN : 2-07-053305-0
Imprimerie Kapp Lahure Jombart, à Evreux

LES ATELIERS DU 7e ART

1/ AVANT LE CLAP

Jean-Pierre Berthomé

DÉCOUVERTES GALLIMARD
CINÉMA

Fruit d'une longue collaboration entre des professionnels de talents très divers, le film exige un maître d'œuvre qui fédère et dirige toutes leurs énergies. C'est le rôle du réalisateur – encore appelé metteur en scène ou cinéaste. Sans être systématiquement à l'origine du projet dont il dirigera l'exécution, il n'en constitue pas moins l'autorité dont dépendront tous les choix artistiques du tournage.

CHAPITRE PREMIER
LE RÉALISATEUR

“Ce dont je suis sûr, c'est que j'ai envie de raconter. Je ne dis pas cela par coquetterie ni fausse modestie, mais parce qu'en toute franchise le fait de raconter me semble le seul jeu qui vaut la peine d'être joué.”
Federico Fellini, 1973

En 1914, la Gaumont inaugure à Nice ses studios de Carras, qui resteront en activité jusqu'à la fin du cinéma muet. On y voit ici Louis Feuillade, entouré des comédiens du *Fils du flibustier* (1922). C'est à Paris que la ténébreuse Musidora, moulée dans un maillot noir, interprète son trépidant feuilleton *Les Vampires* (1915-1916).

Communément considéré, en Europe tout au moins, comme le véritable auteur du film, le réalisateur n'est en fait, dans la plupart des cas, que ce que désigne son nom : celui qui conduit la réalisation effective d'un projet de film sans en être nécessairement à l'origine ni même avoir contribué de façon significative à sa première élaboration. Il est comparable en ce sens au metteur en scène de théâtre, comme lui chargé de transformer en spectacle fait de sons et d'images un scénario qui n'en était que la proposition.

Gestionnaires et techniciens

«On m'a fait confiance en me remettant des capitaux, mon devoir est de les faire fructifier.» Ainsi Louis Feuillade, réalisateur inspiré de *Fantômas* (1913), de *Judex* (1917) et de plusieurs centaines d'autres films produits par Gaumont entre

1906 et 1924, avait-il coutume d'exposer sa morale d'employé modèle. Avant d'expliquer : «Pour réussir dans la mise en scène, il faut avoir une bonne santé et faire des films pas cher.» Installé à sa table de travail tous les matins dès 7 h 30, il enfilait sa blouse blanche pour retrouver, une heure plus tard, ses techniciens et comédiens dans le vaste studio vitré que chacun désignait comme l'«usine».

Cette conception du réalisateur-technicien, gestionnaire, rompu à toutes les facettes de la fabrication du film et capable de mettre son savoir-faire au service de projets très divers, est celle sur laquelle s'est fondée l'industrie cinématographique, celle sur laquelle s'est développé tout le système hollywoodien, celle qui, aujourd'hui encore, préside à la réalisation de la grande majorité des films.

Le réalisateur n'est plus, comme il le fut

Construire à Marseille le navire du *Fils du flibustier* n'était pas mince affaire et Feuillade (ici avec la canne) supervisa lui-même l'opération qui consistait à transformer un gros caboteur du XIXe siècle en galion. Encore fallut-il louer les quintaux de boîtes de conserve sans lesquels la capitainerie du port ne pouvait autoriser son appareillage, et soudoyer les douaniers pour qu'ils tolèrent l'exportation provisoire, à un demi-mille des côtes, du matériel nécessaire aux prises de vues.

longtemps, le simple salarié d'une compagnie de production qui pouvait l'employer à n'importe quelle tâche, et ne lui confiait ni les choix initiaux (scénario, comédiens, décors, etc.) ni ceux qui seraient ensuite opérés au montage. Il demeure pourtant, dans bien des cas, le professionnel de haut niveau auquel un producteur fait appel pour mettre en scène un projet déjà existant parce qu'il le sait capable aussi bien de raconter une histoire avec les moyens propres du cinéma que d'assumer la responsabilité de conduire une importante entreprise financière.

George Cukor (ci-dessous, à gauche) et Sam Wood (à droite) contribuèrent tous deux à la réalisation d'*Autant en emporte le vent* (1939), pour lequel le seul Victor Fleming (au centre) remporta l'oscar du meilleur réalisateur. Fleming avait déjà dirigé trois films de Clark Gable (à l'extrême droite).

Du talent, cependant

Pour limitée qu'elle puisse apparaître, cette vision du rôle du réalisateur n'a pas empêché des cinéastes de talent d'affirmer la constance de thèmes, la permanence d'un style, qui font les traits caractéristiques de ce qu'il faut bien appeler une œuvre. Et cela même à l'intérieur d'un système comme celui des studios américains qui ne semblait guère s'y prêter mais encourageait souvent les metteurs en scène à approfondir leur veine la plus féconde : celle du western pour John Ford, de la comédie sociale pour Frank Capra ou des extravagances chorégraphiques pour Busby Berkeley.

Faut-il s'indigner que le producteur d'*Autant en emporte le vent* (1939), David O. Selznick, ait congédié, après deux semaines seulement de tournage, le réalisateur George Cukor, accusé de prêter trop d'attention aux détails et de privilégier les comédiennes du film au détriment de Clark Gable ?

« Nous avons élaboré le scénario, la distribution des rôles, les décors, la planification des couleurs et l'équipe […] bien avant que Victor Fleming commence seulement à s'en occuper. Quand Victor est arrivé sur le film, et bien souvent après, il m'a dit : « C'est votre film, David. Je fais exactement ce que vous me dites de faire, et espère que le résultat répondra aux attentes. » »

David O. Selznick (ci-contre), 1940

Ou que son successeur, Victor Fleming, épuisé par l'ampleur de sa tâche, ait lui-même été relayé durant deux semaines par un autre réalisateur, Sam Wood, lequel devait, après son retour, continuer à diriger certaines scènes d'action ? La suite de la carrière de Cukor, le futur cinéaste d'*Une étoile est née* (1954) et du *Milliardaire* (1960), a démontré que son véritable talent était ailleurs que dans ce genre de grandes fresques spectaculaires auquel on avait voulu l'essayer.

Concepteurs, pourquoi pas?

Radicalement différente est l'idée développée, dès la Première Guerre mondiale, par des réalisateurs comme David W. Griffith ou Charlie Chaplin : celle d'un auteur complet, responsable en tous leurs aspects des choix artistiques d'un film qu'il a lui-même écrit avant d'en assurer la mise en scène.

Cette tendance a trouvé naturellement à s'épanouir en Europe où une longue tradition tolère, voire encourage, la coexistence, à l'intérieur du système de production classique, de véritables auteurs et d'artisans qui exécutent les produits dont l'industrie a besoin. C'était, dans les années vingt, le cas de Fritz Lang en

Allemagne, de Marcel L'Herbier ou d'Abel Gance en France ; puis, dans les années cinquante, celui de Jacques Tati ou de Robert Bresson en France, de Michael Powell en Angleterre, d'Akira Kurosawa ou de Kenji Mizoguchi au Japon. On n'en finirait pas s'il fallait recenser tous ceux qui, aujourd'hui, prétendent à cette pleine responsabilité créatrice.

Aux Etats-Unis, Erich von Stroheim (*Les Rapaces*, 1924 ; *Symphonie nuptiale*, 1927) et Orson Welles (*La Splendeur des Amberson*, 1942 ; *It's All True*,

film inédit repris dans un documentaire en 1993) ont vu leurs films mutilés, remontés par d'autres, avant d'être réduits au silence par un système qui ne pouvait tolérer leurs exigences d'indépendance créatrice, puis contraints de s'exiler en Europe pour tenter d'y poursuivre leur œuvre. Même ces terribles exemples ne doivent pas faire oublier, pourtant, la capacité du système américain à permettre

L'ambitieuse entreprise d'*Intolérance* (1915) ruina David W. Griffith (à gauche). Les frères Taviani (ici en costume clair) évoquent ce tournage mythique dans *Good Morning Babylone* (1987).

l'épanouissement d'une œuvre personnelle à l'intérieur d'une structure essentiellement industrielle.

Politique des auteurs

En réaction contre le conformisme trop bien léché du cinéma français d'après-guerre qui se réclame de cette logique industrielle, les jeunes critiques des *Cahiers du cinéma* proclament au milieu des années cinquante la «politique des auteurs». Non pas tant théorie que position polémique, il s'agit d'une double stratégie : entrée dans la production cinématographique, d'une part, et mise en cause de son fonctionnement établi, d'autre part.

Pour eux, le vrai auteur est celui qui met de lui-même dans sa création au lieu de transposer l'univers d'un autre avec une fidélité transparente. Au cinéma, l'auteur ne peut être que le réalisateur, puisque ce sont ses choix qui donnent sa forme à l'œuvre. Quant à l'importance de la technique comme facteur de sélection des auteurs, elle est négligeable car, à les en croire, n'importe qui peut en acquérir la maîtrise en quelques heures. Il importe donc de favoriser l'éclosion d'une nouvelle génération de cinéastes libérés de toute révérence face au savoir purement technique, et qui revendiquent le contrôle total sur leurs films.

Robert Bresson (ci-dessous) n'a réalisé que treize films en cinquante ans, mais le dépouillement de son écriture filmique et l'élévation de son inspiration – obsédée par le thème de la grâce – ont fait de lui une influence majeure du cinéma d'après-guerre. Dans ses *Notes sur le cinématographe*, il dit : «Il faut être beaucoup pour faire un film, mais un seul qui fait, défait, refait ses images et ses sons, en revenant à chaque seconde à l'impression ou à la sensation initiale, incompréhensible aux autres, qui les a fait naître.»

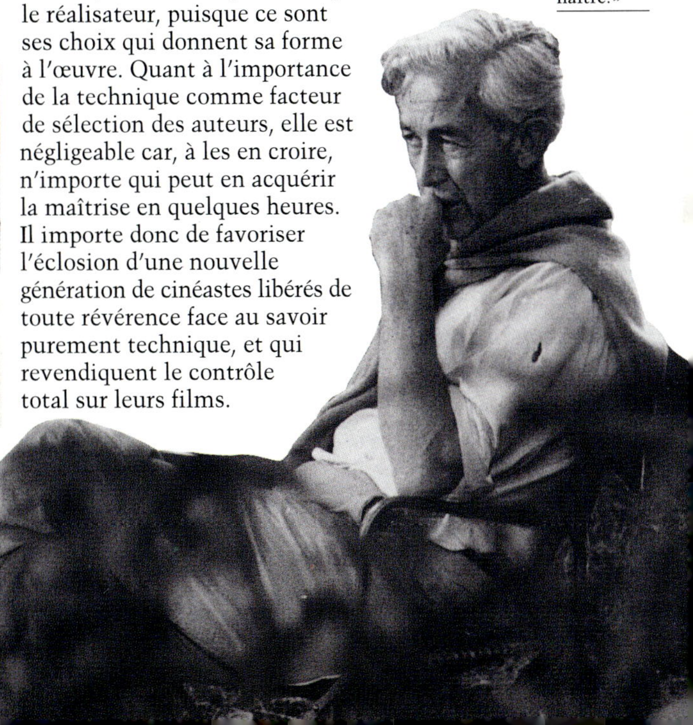

L'avènement de l'expression personnelle

Encouragée en France par une révision du droit des auteurs, en 1957, qui accorde le statut d'auteur au réalisateur mais le refuse, entre autres, au producteur, la politique des auteurs revendiquée par de jeunes critiques comme François Truffaut, Jacques Rivette ou Claude Chabrol triomphe à la fin des années cinquante grâce à l'explosion de la Nouvelle Vague, bientôt imitée dans quantité d'autres pays.

Avec l'émergence, dans les années soixante, de cinéastes comme Ingmar Bergman, Luis Buñuel ou Federico Fellini, dont les films sont clairement l'expression d'un univers personnel, la notion d'auteur-réalisateur s'impose au cinéma et éclaire rétrospectivement des productions comme celles de Buster Keaton, Fritz Lang ou Jean Renoir.

Chassé aux Etats-Unis par le nazisme, Fritz Lang (à gauche), le réalisateur de *Metropolis* (1927), y demeure fidèle à son inspiration tout en se pliant aux exigences des grands studios qui l'accueillent.

Cela ne va pas sans résistance, aux Etats-Unis en particulier, où cette conception s'oppose radicalement aux habitudes de l'industrie – mais une carrière comme celle de Woody Allen démontrera qu'un véritable auteur peut exister et être reconnu à l'intérieur même du système américain. Ni sans excès, ainsi qu'en témoignent certaines mésaventures mégalomaniaques comme, aux Etats-Unis, *La Porte du Paradis* (1980) de Michael Cimino, dont les dépassements de budget (multiplié par cinq pour atteindre 36 millions de dollars) ruinèrent définitivement les Artistes Associés, ou, en France, *Les Amants du Pont-Neuf* (1991) de Leos Carax, dont le coûteux décor parisien édifié près de Montpellier et les retards de réalisation mobilisèrent les ressources de trois producteurs successifs.

Faut-il être aussi producteur?

Dès les années quarante, certains réalisateurs américains avaient compris que l'indépendance créatrice à laquelle ils aspiraient ne pouvait exister que s'ils revendiquaient également la responsabilité de la production. C'est le producteur en effet qui, aux Etats-Unis, détient le fameux

Amuseur populaire des années soixante, Woody Allen (page de gauche, en bas) a construit en vingt ans l'une des œuvres majeures du cinéma contemporain. Dans son goût pour les variations autobiographiques et pour l'évocation du monde du spectacle, on reconnaît aisément l'influence de ses maîtres avoués : Federico Fellini et Ingmar Bergman (ci-contre), qu'il a directement évoqué dans des films comme *Stardust Memories* (1980), *Comédie érotique d'une nuit d'été* (1982) ou *Ombres et brouillard* (1991).

« Je ne peux vous dire combien durera le film jusqu'au moment où je l'aurai vu. Il sera aussi long qu'il a besoin de l'être. » La version originale de *La Porte du Paradis* (1980), montée par Michael Cimino (au centre) durait 5 h 25 mn. Réduit à 3 h 29 mn pour sa première, le film fut encore amputé d'une heure avant sa désastreuse sortie générale dans les salles.

final cut, le pouvoir de décision finale sur le montage qui sera proposé au public. Charles Chaplin, Harold Lloyd ou Ernst Lubitsch avaient montré la voie en devenant producteurs de leurs films, pour leur propre compte ou celui d'autres compagnies. Leurs héritiers furent Orson Welles, producteur pour R.K.O. de son fameux *Citizen Kane* (1941), Otto Preminger ou, surtout, Alfred Hitchcock qui, financé par divers studios, assura la production de tous ses films, de 1949 à sa mort.

La même attitude se répand en France après l'arrivée de la Nouvelle Vague, mais pour d'autres raisons. En effet, le système public d'aide au cinéma y fait du producteur d'un film le bénéficiaire d'une part des taxes perçues aux guichets au titre de ses entrées, sous réserve que ces fonds soient réinvestis dans le financement d'un nouveau film. Nombre de réalisateurs, comprenant l'intérêt qu'ils pouvaient avoir à tirer directement avantage de cette disposition, créèrent leurs propres structures de production, comme les Films du Carrosse de François Truffaut.

Exilé volontaire aux Etats-Unis dès 1923, le réalisateur allemand Ernst Lubitsch (ci-dessus) y développe rapidement une veine de comédies sophistiquées qui feront la célébrité de la *Lubitsch touch.* Il est de ceux qui, à l'intérieur d'une grande compagnie, parviendront à préserver leur identité créatrice, en revendiquant, en particulier, de produire lui-même ses films. Il demeurera indéfectiblement attaché à ses racines européennes et réalisera, en 1942, la brillante comédie antinazie *To Be or Not To Be.*

De l'écriture au mixage

Le réalisateur demeure avec le producteur celui qui sera associé le plus longtemps à l'élaboration du film. S'il en est aussi l'auteur, cette association débute dès l'origine du projet, au moment de l'écriture. Sinon, il intervient dès que le scénario lui est confié pour y apporter les modifications qui lui paraissent nécessaires et en effectuer le découpage technique, transformant ainsi le scénario littéraire en propositions formelles de réalisation.

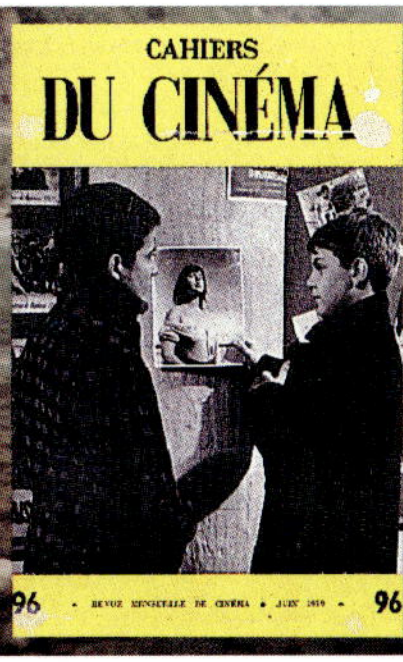

Immortalisé sur une couverture des *Cahiers du cinéma*, Jean-Pierre Léaud (à gauche sur la photo) vole, dans *Les 400 Coups* (1959), une photographie de *Monika* (1952) d'Ingmar Bergman. Quatorze ans plus tard, le réalisateur François Truffaut recrée le même geste cinéphilique dans *La Nuit américaine* (1973), qu'on le voit diriger en haut, à gauche : il s'y représente volant une photo de *Citizen Kane* (1941) d'Orson Welles. Celui-ci (en bas) produisait le film pour le compte de la compagnie R.K.O. Le numéro 55 des *Cahiers* était dédié «à Orson Welles, sans qui le nouveau cinéma américain ne serait pas ce qu'il est».

Au cours de la période de préparation, en étroite concertation avec la production, il lui faut procéder à la sélection des comédiens, déterminer un calendrier de réalisation, arrêter avec les responsables concernés le choix des décors et des costumes de telle façon que tout soit prêt pour le début du tournage.

Durant la phase cruciale de la réalisation, où toute hésitation, toute erreur se traduit immédiatement en argent dépensé, c'est vers lui que chacun se tourne pour les moindres décisions, c'est lui qui répond, rassure, lui surtout qui détermine les choix de mise en scène et dirige les comédiens. Il est là avant les techniciens, pour préparer les

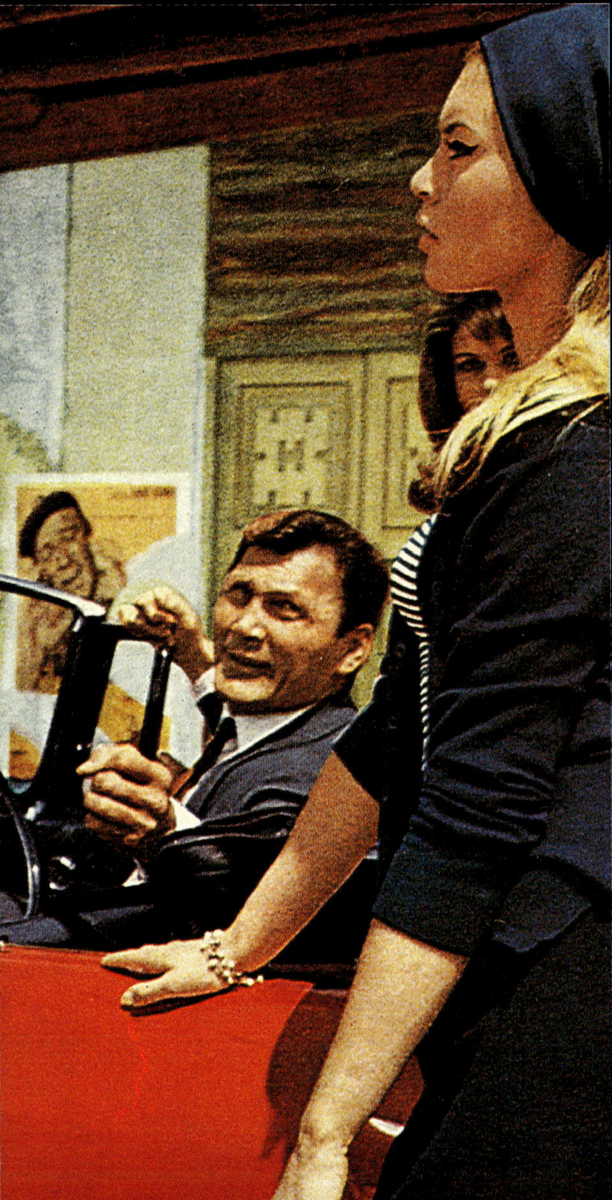

En 1963, Jean-Luc Godard (ci-dessus acteur et réalisateur de *Soigne ta droite,* 1987) incarne dans son film *Le Mépris* l'assistant du réalisateur Fritz Lang aux côtés de Michel Piccoli (le scénariste Paul Javal), de Jack Palance (le producteur Prokosh) et de Brigitte Bardot (la comédienne Camille). «A travers son monocle, Lang pose sur le monde un regard lucide. Il sera la conscience du film, le trait d'union moral qui relie l'odyssée d'Ulysse à celle de Camille et de Paul. Comme tous les grands artistes qui entrent dans la vieillesse, comme Dreyer, comme Le Tasse dans la pièce de Goethe, comme Rossellini, comme Griffith, [...] le trait dominant chez Lang est la bonté, la générosité. Ce qui caractérise un grand metteur en scène, d'ailleurs, on le verra dans ce film, c'est l'humilité et la gentillesse» (Godard).

scènes qui seront réalisées dans la journée, il reste après eux pour regarder les *rushes* de ce qui a été tourné la veille ; il ne rentre chez lui qu'avec son scénario à annoter pour le lendemain ; il passe ses week-ends à visionner le matériau déjà tourné et à conférer avec le monteur afin que celui-ci puisse déjà commencer à en assembler les fragments.

La fin du tournage, si elle signale un relâchement relatif de la pression, ne signifie pas pour autant la fin du travail du réalisateur, puisqu'il lui faut alors suivre le montage, puis le mixage du film, décider avec le chef opérateur et le laboratoire de l'étalonnage de la pellicule au tirage, participer encore à toutes les décisions qui doivent être prises avant que le film puisse être proposé au public.

Rares sont les tournages que n'immortalise pas une «photo de famille» rassemblant techniciens et comédiens autour du metteur en scène. Le réalisateur américain Robert Aldrich (ci-dessus) est entouré de l'équipe de réalisation de *Vol du phénix* (1966), posant dans un avion imaginaire. Le film raconte l'aventure d'un groupe d'hommes dont l'avion s'est écrasé dans le désert et qui en utilisent les débris pour reconstruire un nouvel engin capable de voler.

Maître d'œuvre de toute une équipe

Trois phases doivent être distinguées dans cette entreprise collective qui part du projet formalisé

par un scénario pour aboutir à la livraison de la copie définitive du film. Celle, d'abord, de la préproduction, durant laquelle sont arrêtés et mis en œuvre tous les choix qui rendront possible la réalisation; celle, ensuite, du tournage proprement dit, parallèlement auquel débute déjà le montage; et enfin celle de la postproduction, où sont définitivement associés les éléments du tournage principal aussi bien que les images et les sons produits séparément pour être incorporés dans le montage final.

C'est au cours de la phase de préproduction que se situe la collaboration du réalisateur avec le chef décorateur et le créateur des costumes, dont le travail est presque achevé lorsque débute le film. Même s'ils demeurent souvent présents sur le tournage, les grandes options ont déjà été déterminées et ils ne sont plus là que pour en assurer la bonne exécution.

Le chef monteur et le technicien du son chargé du mixage, à l'inverse, n'interviendront réellement qu'après la fin d'un tournage dont ils sont largement dissociés, tout comme le sont aussi les techniciens d'effets spéciaux lorsque ceux-ci font appel à des manipulations de l'image effectuées parallèlement à la production principale

Réunis en 1964 après une brouille de près de quinze ans, Elia Kazan (à gauche) et Arthur Miller (à droite) préparent une nouvelle pièce, *After the Fall.* Ils ont déjà partagé les succès, au théâtre, de *Tous mes fils* et *Mort d'un commis voyageur* lorsqu'ils écrivent ensemble, en 1950, le scénario de *The Hook.* Situé dans le milieu des syndicats de dockers new-yorkais, le projet effraie les producteurs hollywoodiens, qui le refusent. Kazan en peaufinera avec un autre scénariste, Budd Schulberg, une nouvelle version qui triomphera sur les écrans quatre ans plus tard : *Sur les quais.*

dans des studios spécialisés, comme le célèbre Industrial Light and Magic créé par George Lucas pour réaliser les trucages de *La Guerre des étoiles* (1977), ou encore en laboratoire, au stade de la postproduction.

Sur le tournage lui-même, les principaux collaborateurs du réalisateur sont le directeur de la photographie et l'ingénieur du son, tous deux responsables de l'enregistrement du matériau qui sera ensuite assemblé pour constituer le film, ainsi que ses deux auxiliaires les plus immédiats : l'assistant réalisateur et la script-girl, véritable aide-mémoire du metteur en scène en même temps qu'œil vigilant du producteur pour tout ce qui concerne le déroulement du tournage.

Le bras droit du réalisateur

En déchargeant le metteur en scène de la majeure partie des problèmes techniques, l'assistant réalisateur lui permet de se concentrer sur les aspects les plus créatifs de sa tâche.

Lors de la préparation du film, tandis que le réalisateur se consacre aux grands choix déterminants, il en estime les implications matérielles, et par là même les coûts. C'est lui qui dépouille le scénario afin de déterminer les besoins en décors, costumes, figuration, accessoires, etc., suite à quoi il établit une proposition de plan de travail. Celui-ci doit concilier les contraintes de calendrier des comédiens pressentis, celles qu'imposent les décors (il faudra souvent regrouper les scènes situées dans un même lieu pour limiter les déplacements ou organiser la succession des décors sur un même plateau) et les vœux du metteur en scène (qui peut souhaiter filmer «dans l'ordre du scénario» ou conserver une scène particulièrement difficile pour la fin).

L'assistant participe également aux repérages, durant lesquels sont choisis les lieux qui accueilleront la réalisation ; il est étroitement associé au travail préparatoire des comédiens et à la recherche de la figuration.

En venant tourner à Rome *La Tosca* en 1940, le réalisateur Jean Renoir (à gauche, de face) retrouve son assistant de *Partie de campagne* et des *Bas-Fonds* (1936) : Luchino Visconti (sous le parapluie).

La même attention vers le comédien rive les regards de toute l'équipe de *La Baie des anges* (1963). De haut en bas : Roger Delpuech, cadreur ; Jacques Demy, réalisateur ; Jean Rabier, chef opérateur ; Costa-Gavras, assistant réalisateur ; Annie Maurel, script-girl. Vingt ans plus tard, Costa-Gavras est devenu un réalisateur connu et Annie Maurel, la scripte des derniers films de Demy.

Le réalisateur malien Souleyman Cissé (ci-dessous) étudie le scénario de *Waati* (1995) avec son assistante Claude Le Gallon.

«Le grand talent d'Alain Resnais, c'est de ne pas nous noyer dans des tonnes d'explications : une phrase, un mot, si précis, intelligent, que cela suffit à vous ouvrir une porte qui était fermée, à vous ramener sur le bon rail» (Sabine Azéma, 1993). Réunis pour la deuxième fois dans un film d'Alain Resnais, Pierre Arditi et Sabine Azéma (ci-contre) répètent une scène de *L'Amour à mort* (1984) sous le regard du réalisateur (assis) et de Fanny Ardant.

Sur le tournage, il informe les techniciens sur les scènes à filmer, afin de réduire au strict nécessaire les questions posées au metteur en scène. Il s'assure que les comédiens sont prêts à tourner, dirige la figuration, gère mille problèmes inattendus pour que le réalisateur les ignore. Il est responsable aussi, pendant tout ce temps, de la liaison avec la production et prépare la feuille de service qui, reprise par le régisseur général, indiquera à chacun le programme détaillé prévu pour le lendemain.

La direction d'acteurs

Dans un registre tout différent de ces collaborateurs techniques qui constituent l'équipe réunie autour du réalisateur, les interlocuteurs privilégiés de celui-ci seront, durant tout le tournage, les comédiens. Si les disponibilités des acteurs et le temps imparti à la préparation lui en offrent la possibilité, le réalisateur réunira les principaux interprètes pour une lecture commune du scénario, qui en précisera la tonalité et les intentions. Sur le plateau, il est essentiel qu'il puisse se reposer de toutes les questions matérielles sur les techniciens afin de se consacrer aussi complètement que possible à la direction des acteurs.

Accoucheur, complice ou tyrannique, de l'interprétation des comédiens qui donneront corps aux personnages, il lui faut les guider, les cajoler, les violenter pour tirer d'eux le meilleur de ce qu'ils peuvent donner. Relation si féconde qu'un film suffit rarement à l'épuiser et que le désir naît souvent de la poursuivre autrement, d'en reculer les limites, comme le fit Joseph Losey dans ses cinq films avec Dirk Bogarde ou Alain Resnais avec le couple Sabine Azéma/Pierre Arditi dont il ne s'est pas lassé en plus de dix ans d'explorer les ressources. Garant de la cohérence de l'entreprise qui lui a été confiée, le réalisateur doit pourtant être ouvert aux suggestions inattendues, des acteurs comme des techniciens, qui peuvent enrichir le film, et savoir s'en nourrir sans les laisser jamais déséquilibrer un projet dont il demeure la grande force unificatrice.

Vedette juvénile du cinéma britannique, Dirk Bogarde accepte en 1954 le rôle principal de *La Bête s'éveille*, le premier film d'un obscur Américain exilé en Angleterre : Joseph Losey. Leurs retrouvailles dix ans plus tard (ci-dessous) pour *The Servant* (1963) seront si stimulantes qu'ils feront encore ensemble *Pour l'exemple* (1964), *Modesty Blaise* (1966) et *Accident* (1967).

Comme le Suédois Ingmar Bergman, le réalisateur japonais Akira Kurosawa, qu'on voit ci-contre diriger deux interprètes de *Barberousse* (1965), est d'une exceptionnelle fidélité à ses comédiens, qui ont fini par constituer autour de lui une sorte de troupe permanente d'où se détachent les noms de Toshiro Mifune, Takashi Shimura ou Tatsuya Nakadai.

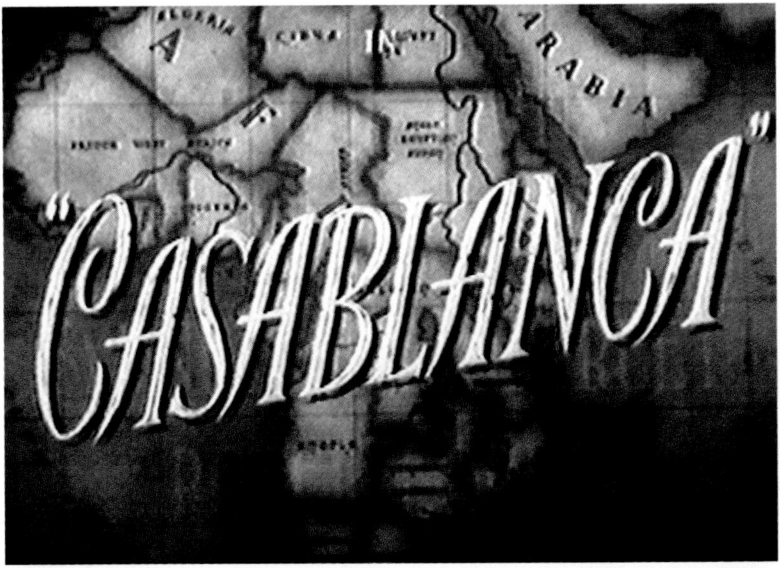
ARABIA
"CASABLANCA"

ARABIA
Screen Play by
JULIUS J. and PHILIP G. EPSTEIN
and
HOWARD KOCH
From a Play by
MURRAY BURNETT
and JOAN ALISON

Développement d'une idée originale ou adaptation d'un matériau dramatique déjà existant, souvent écrit par le réalisateur ou en collaboration avec lui, le scénario constitue l'étape nécessaire où le désir de film devient un projet concret, sous une forme matérialisée qui en facilitera la communication et la discussion, avant que de guider les opérations de tournage.

CHAPITRE II
LE SCÉNARISTE

L'oscar du meilleur scénario attribué aux jumeaux Epstein et à Howard Koch pour *Casablanca* (1943) ignore la collaboration anonyme de quatre autres scénaristes au film. Le système hollywoodien, caricaturé ci-contre en 1923, livrait le scénario à tous les charcutages.

Comme l'écrivain ou le dramaturge jette sur le papier la trame de son roman ou de sa pièce, comme le peintre et le sculpteur ébauchent leurs projets dans des carnets de croquis ou dans la glaise, le cinéaste recourt au scénario pour fixer la forme du film à venir. Le scénario, pourtant, diffère radicalement des diverses esquisses que l'on vient d'évoquer en ce qu'il tente de préfigurer en mots ce qui sera réalisé ultérieurement en assemblage de sons et d'images, en ce qu'il se doit d'être à la fois un descriptif assez séduisant pour mobiliser les énergies et un cahier des charges d'une entreprise à mettre en œuvre.

Avant le tournage, il est l'argumentaire de vente qui décide le producteur à risquer son investissement, la promesse de rôle qui donne envie à la vedette d'interpréter ce film plutôt qu'un autre, et aussi la seule base à partir de laquelle évaluer les devis,

Alfred Hitchcock signe officiellement son dernier scénario en 1932, mais il participera de façon décisive à l'écriture de tous ses films ultérieurs : «Je m'intéresse *a priori* fort peu à l'histoire que je raconte, mais uniquement à la façon de la raconter», affirme le réalisateur, montré ci-dessus avec son épouse et collaboratrice Alma Reville au début des années quarante.

établir les plans de travail, déterminer les contraintes que connaîtra la réalisation.

Au tournage, il devient la bible à laquelle chacun, sans cesse, se réfère pour savoir ce qu'il doit faire et resituer le fragment dans l'ensemble, la scène qu'on est en train de filmer dans la continuité où elle devra trouver sa place.

Qui porte le chapeau?

S'il est fréquent, particulièrement dans le cas du cinéma d'auteur, que le réalisateur d'un film en soit également le scénariste, les exemples ne manquent pas de cinéastes qui ne signent pas les scénarios de leurs films. Soit que le système de production fasse d'eux les simples exécutants d'un projet qui leur est étranger, soit qu'il s'agisse de leur part d'un choix délibéré. Ainsi Howard Hawks ou Alfred Hitchcock, tous deux anciens scénaristes professionnels, ont presque toujours laissé à d'autres le crédit officiel de scénarios qui leur devaient beaucoup; il leur

Modesty Blaise (1966) est, entre d'autres films plus graves, une récréation pour Joseph Losey qui fait interpréter par Monica Vitti (ci-dessus) une bande dessinée populaire : «On m'avait donné un scénario terriblement long et d'un conformisme gênant. [...] Je me mis à faire des changements si radicaux [...] que les producteurs faisaient d'incessantes interventions pour que je me tienne au scénario original.»

aurait semblé futile d'en revendiquer la paternité, tant ce travail d'écriture était pour eux implicitement contenu dans celui de la mise en scène. Le Japonais Yasujiro Ozu, quant à lui, signa plusieurs de ses premiers scénarios des pseudonymes de James Maki ou d'Ernst Schwartz, avant de choisir de revendiquer sa collaboration à l'écriture de tous ses derniers films sous son propre nom.

Inversement, certains films sont officiellement crédités à tant de scénaristes à la fois qu'il devient impossible de distinguer la part de chacun. Les exemples en sont particulièrement nombreux en Italie, où de véritables équipes scénaristiques collaborent à des œuvres aussi originales que *Le Voleur de bicyclette* (1948) de Vittorio De Sica (sept scénaristes), *Le Guépard* (1963) de Luchino Visconti (cinq) ou *Huit et demi* (1963) de Federico Fellini (quatre). Pour Ennio Flaiano, scénariste de nombreux films de Mario Monicelli, de Roberto Rossellini ou de Fellini, «un scénario est un voyage en groupe qui peut durer trois ou quatre mois, et il est bon de choisir des compagnons convenables». Il n'en demeure pas moins le collaborateur privilégié du Fellini des débuts, tout comme Cesare Zavattini est celui de Vittorio De Sica, ou Suso Cecchi d'Amico celle de Luchino Visconti.

Il n'était pas rare non plus, dans le cinéma hollywoodien classique, qu'un scénario passe entre les mains de nombreux scénaristes, au risque de s'y voir anonymement standardisé. Ils ne sont pas loin d'une trentaine à avoir contribué à celui de *Vivent les étudiants*

Complice de Luchino Visconti durant plus de trente ans, Suso Cecchi d'Amico (ci-contre) collabore au scénario de *Bellissima* (1951).

(1938) de Jack Conway, parmi lesquels le grand romancier F. Scott Fitzgerald, qui fait aussi partie de la bonne douzaine de scénaristes non crédités au générique d'*Autant en emporte le vent*.

Les «pros» de la dramaturgie

Le scénariste professionnel peut être à l'origine des idées qu'il développe. De futurs réalisateurs comme Billy Wilder, Paul Schrader, Jean-Paul Rappeneau ou Francis Veber se sont ainsi fait connaître par de remarquables scénarios originaux (pour, entre bien d'autres, Lubitsch, Scorsese, Louis Malle ou Yves Robert) avant d'accéder à la mise en scène. L'auteur d'une brillante idée nouvelle, pourtant, n'a pas toujours le talent nécessaire pour en tirer un bon scénario. D'où le recours à des scénaristes de métier, rompus à toutes les ficelles

Dans un grand studio américain des années trente, un département Recherche (ci-dessus) traite les demandes d'information reçues des scénaristes et décorateurs.

«Pour les premiers films, on se voyait tous les jours. Visconti travaillait vite, il suivait son idée de fond. Puis, au fil du temps, on se connaissait tellement bien qu'on se voyait, mais qu'on parlait d'autre chose. Du moment qu'il avait choisi un certain film, je savais exactement pourquoi.»

Suso Cecchi d'Amico

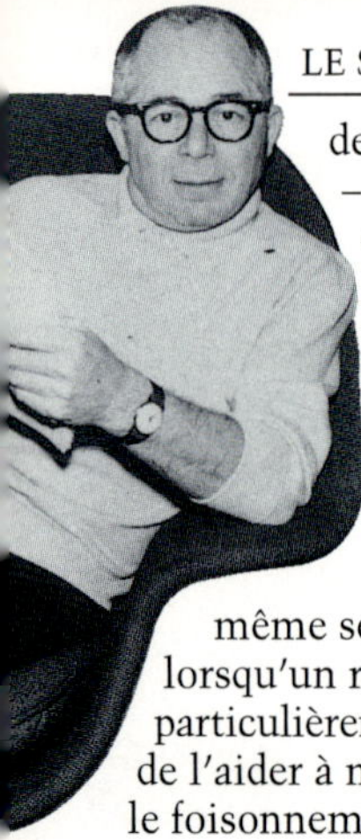

de la construction dramatique, capables – comme le célèbre tandem constitué en France dans les années cinquante par Jean Aurenche et Pierre Bost – d'adapter pour l'écran Gide, Stendhal, Colette, Dostoïevski et Zola aussi bien que Gilbert Cesbron, Roger Peyrefitte et Georges Simenon.

Le scénariste professionnel peut même se muer en accoucheur d'idées lorsqu'un réalisateur à l'imaginaire particulièrement fécond lui demande de l'aider à mettre en forme le foisonnement de son inspiration pour

en tirer un véritable scénario. C'est le rôle joué par Jean-Claude Carrière auprès de metteurs en scène aussi différents que Pierre Etaix ou Luis Buñuel, tout comme par Bernardino Zapponi ou Tonino Guerra auprès de Federico Fellini à partir de la fin des années soixante. L'enjeu de leur intervention réside alors moins dans l'écriture d'un scénario conforme aux règles de l'art que dans la préservation du caractère intensément personnel du matériau d'origine en dépit de sa nécessaire transformation en structure dramaturgique.

Les étapes du scénario

Qu'il parte d'une idée originale ou qu'il fasse l'adaptation d'une œuvre préexistante, le scénario

Billy Wilder (à gauche) est l'un des rares réalisateurs américains à avoir cosigné le scénario de tous ses films. Son expérience antérieure de scénariste au service de créateurs tels que Mitchell Leisen, Ernst Lubitsch ou Howard Hawks fut pour lui une école aussi précieuse que frustrante : «C'est comme faire le lit pour quelqu'un qui saute dedans et vous laisse dehors.»

se présente d'abord sous la forme d'un synopsis d'une dizaine de pages qui expose l'argument dramatique du projet sans entrer dans les détails. Le développement de ce synopsis donnera une «continuité dialoguée» de plus de cent pages qui, reproduite en autant d'exemplaires qu'il est nécessaire, constituera le scénario de référence du film.

Aboutissement le plus souvent d'un nombre considérable de moutures antérieures et de révisions, cette version à partir de laquelle est décidée la production du film n'est pas pour autant définitive. Elle connaîtra vraisemblablement d'autres réécritures, exigées aussi bien par la personnalité des comédiens engagés pour les rôles que par les contraintes

Adapté d'un best-seller écrit par un gardien de Sing Sing, *Vingt Mille Ans sous les verrous* (1932) de Michael Curtiz (ci-dessous) a officiellement mobilisé deux adaptateurs et deux scénaristes.

Tonino Guerra (au centre) a écrit plus de soixante scénarios pour des cinéastes aussi divers que Michelangelo Antonioni – auquel le lie une collaboration de plus de vingt ans –, Vittorio De Sica, Francesco Rosi, Mario Monicelli, Federico Fellini, Paolo et Vittorio Taviani, Andrej Tarkovski ou Theo Angelopoulos. Comme Jean-Claude Carrière (ci-contre entouré de Nagisa Oshima et de Charlotte Rampling, réalisateur et interprète de *Max mon amour*, 1986), il excelle à dialoguer avec des créateurs au fort tempérament pour les aider à formaliser en scénarios une inspiration intensément personnelle.

matérielles d'une production qui peut imposer de justifier la pluie qui ne cesse de tomber sur des extérieurs qu'on eût aimés ensoleillés (*Partie de campagne*, 1936, de Jean Renoir) comme de tourner en plein cœur de Madrid et avec une poignée de figurants la bataille dans la campagne anglaise du *Falstaff* (1966) d'Orson Welles.

L'arrivée des nouvelles vagues de réalisateurs des années soixante a fait tomber en relative désuétude l'usage des découpages détaillés en honneur jusque-là. Réappropriation du scénario par celui qui allait en être le metteur en scène, le découpage comportait, parallèlement décrites sur deux colonnes, toutes les indications visuelles et sonores du projet de transformation d'un scénario littéraire en réalisation audiovisuelle. Les réalisateurs contemporains, en Europe surtout, ne sont plus prêts à renoncer ainsi à leur liberté d'inventer encore sur le plateau : François Truffaut revendiquait de tourner contre le scénario, c'est-à-dire de ne considérer celui-ci que comme une simple proposition que la réalisation devait dépasser. Les indications destinées à la mise en scène se limitent le plus souvent, dans les scénarios actuels, à la numérotation raisonnée des scènes et des décors qui facilitera la préparation technique toujours nécessaire, et à laquelle le scénariste n'est que très rarement associé.

Raison de plus pour qu'il n'oublie jamais que toutes ses suggestions devront être ensuite traduites en contraintes de réalisation et qu'il est moins coûteux d'écrire la simple phrase «Il neige» que de faire tomber sur un décor les flocons souhaités. Même si, comme c'est la règle, la collaboration du scénariste au film se termine quand débute la mise

Embryon du projet qui sera développé sous forme de scénario, le synopsis est une sorte de mise à plat de la structure dramatique qui permet d'en bien repérer les articulations, d'en vérifier la cohérence, d'en apprécier l'efficacité. Ci-dessous, celui de *Van Gogh* (1991) de Maurice Pialat, interprété par Jacques Dutronc et Bernard Le Coq.

en chantier effective de celui-ci, on appréciera qu'il sache prendre en compte les problèmes que connaîtront ensuite tous ceux qui devront s'appliquer à mettre en scène ses propositions.

Dialoguistes, guérisseurs et «gagmen»

Il n'est pas rare, enfin, que, réalisateur ou non, le scénariste soit associé à un dialoguiste professionnel à qui incombe la responsabilité d'écrire les répliques qui seront placées dans la bouche des personnages. En sus de livrer au public leur contenu

« Le mot dialoguiste isolé du mot scénariste, c'est comme si en peinture on distinguait le type qui peint la campagne et celui qui peint les arbres, l'"arbriste". » Scénariste vedette du cinéma français dans les années trente et quarante, Jacques Prévert (ci-dessus) lui donne un ton nouveau, nourri de sa verve poétique et de sa haine des injustices. Il collabore à quelques-unes des grandes œuvres de Marcel Carné, de Jean Grémillon ou de Jean Renoir, comme aux joyeuses pochades de son frère Pierre et aux dessins animés de Paul Grimault. Les années cinquante le verront s'éloigner des contraintes du cinéma.

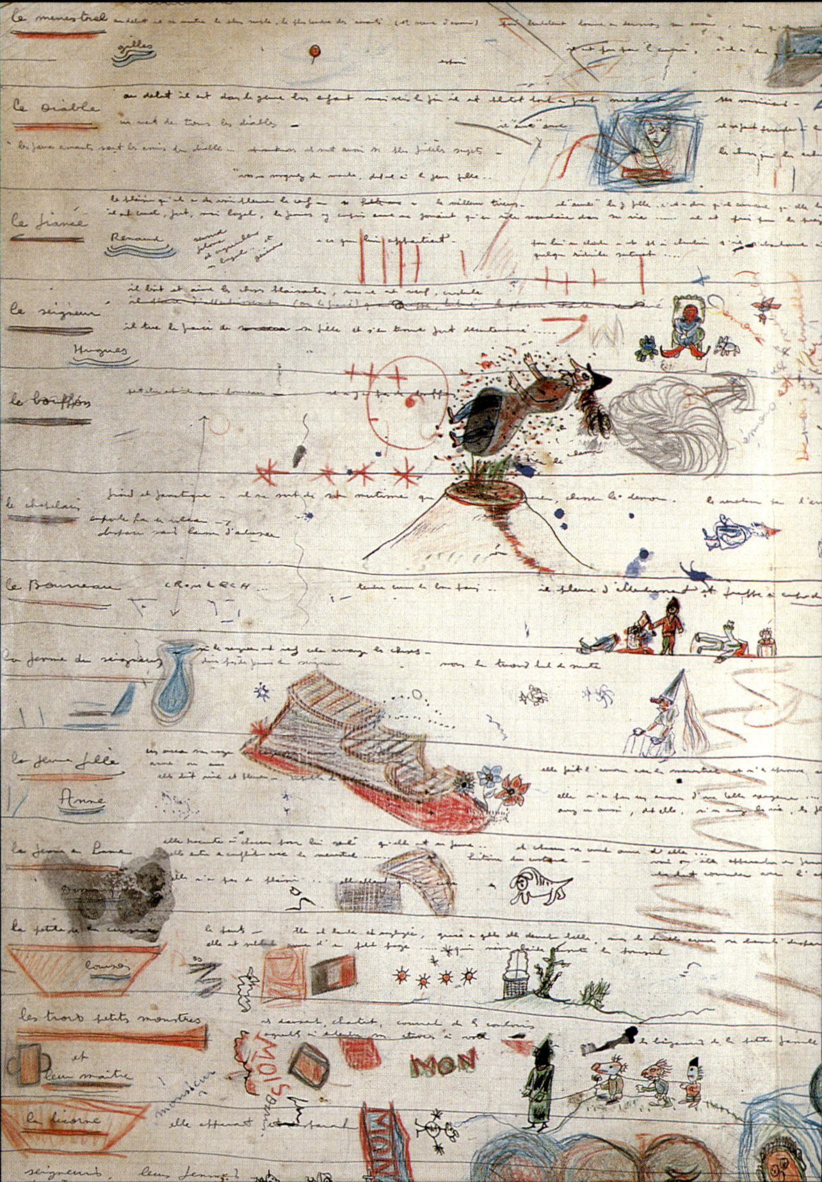
le menestrel
le Diable
le fiancé
Renaud
le seigneur
Hugues
le bouffon
le chatelain
le Bourreau
la femme du seigneur
la jeune fille
Anne
les trois petits monstres
et leur maître
MON

Avant de peaufiner un scénario, Jacques Prévert a coutume d'en récapituler les données essentielles sur de grandes feuilles de bristol qui, punaisées au mur près de sa table de travail, lui permettront de conserver toujours sous les yeux l'enchaînement des scènes ou les traits caractéristiques de ses personnages. Avec les gros crayons qui lui servent à souligner, il enlumine encore ses pages de dessins vivement colorés qui nient joyeusement la rigueur méthodique des lignes d'écriture. Dessins inutiles au film qu'ils ne prétendent même pas illustrer, indispensables pourtant au scénariste qui ne sut jamais s'en passer. La page ci-contre dresse la liste des personnages des *Visiteurs du soir* (1942) de Marcel Carné. Certains manquent encore (le montreur d'ours, Agnès la chambrière), d'autres disparaîtront (la femme du seigneur, le bouffon). Tous ou presque sont déjà là, campés en quelques traits, épinglés en un adjectif, affligés de leurs tics de langage, jusqu'aux comparses les plus épisodiques qui n'apparaîtront dans le film que quelques secondes.

purement verbal, celles-ci, par le choix des mots et celui des tournures, par le débit de la parole, doivent informer le spectateur sur l'identité profonde de celui qui parle, sur son appartenance sociale, sur son caractère et sur son humeur du moment. Confondue dans beaucoup de pays avec celle des scénaristes, l'activité du dialoguiste, si spécifique que celui-ci peut souvent n'intervenir qu'à ce seul titre sur l'écriture d'un film, est exceptionnellement bien reconnue en France où la contribution au scénario de brillants spécialistes des dialogues comme Jacques Prévert, Henri Jeanson, Michel Audiard ou Daniel Boulanger se trouve toujours clairement identifiée.

C'est de façon systématiquement anonyme, en revanche, qu'interviennent ceux que la tradition américaine baptise *script doctors* et qui sont bien ces «guérisseurs» auxquels on fait appel pour remettre sur pied les scénarios boiteux. Ils n'ont pas leur pareil pour diagnostiquer la faiblesse structurelle, proposer le retournement inattendu qui dénouera la situation. Comparables à des experts appelés en consultation pour résoudre un problème apparemment insoluble, ils interviennent de façon très ponctuelle, rémunérés au simple forfait pour une contribution souvent essentielle qu'ils renoncent par avance à signer. Ce n'est que fortuitement qu'on apprendra l'apport aussi discret que crucial de Bill Huyck et Gloria Katz à *La Guerre des étoiles* (1977) de George Lucas, celui de Claude Sautet à nul ne sait combien de films français, ou celui de John Lee Mahin à la première version d'*Une étoile est née* (1937) de William A. Wellman : David O. Selznick,

John Lee Mahin intervint tardivement sur le scénario de la première version *d'Une étoile est née* (1937).

Michel Audiard (à gauche) est le plus prolifique des dialoguistes français, avec plus de cent vingt films en trente-cinq ans. Pour lui, «le métier de dialoguiste ne s'apprend pas. La réussite vient peut-être de savoir écouter les gens».

le producteur, «n'était pas sûr du bon équilibre entre la comédie et la montée vers la tragédie. Ça ne collait pas bien. Après avoir vu le premier montage, je lui ai conseillé d'abandonner l'idée d'en faire une comédie. Le sort en est jeté dès que la fille le voit ivre au Hollywood Bowl. Il fallait que ce soit une tragédie».

Tout aussi anonyme est généralement le travail, aujourd'hui plus rare, de ces créateurs de gags (ou *gagmen*) dont le rôle, dans la chaîne de production des grands studios, est de truffer le scénario achevé de suggestions de scènes comiques dont ne se sont pas souciés les scénaristes. C'est ainsi que le grand Buster Keaton acheva tristement sa carrière hollywoodienne, inventant à la chaîne les gags qui feraient rire les spectateurs des Marx Brothers comme ceux de W. C. Fields, de Bob Hope ou de Red Skelton.

Sur le tournage d'*Un jour au cirque* (1939), Buster Keaton (au centre) confère avec Groucho et Chico Marx. Oubliée de tous, l'ancienne vedette du cinéma comique muet en est réduite à émailler de gags anonymes le scénario de ses jeunes rivaux. Dix ans plus tôt, c'est lui qui régnait sur les mêmes plateaux de la M.G.M.

Les petites images du «storyboard»

C'est dans les années vingt seulement que se généralise l'usage d'un scénario détaillé, rendu nécessaire par l'allongement de la durée des films et la complexité toujours plus grande de leur action. A la même époque apparaît une pratique parallèle, celle du *storyboard*, qui fixe sous la forme de croquis rapides ou détaillés un projet d'images à produire, déjà pensées en termes de lumière, de cadrage, d'association réalisée entre elles par le montage.

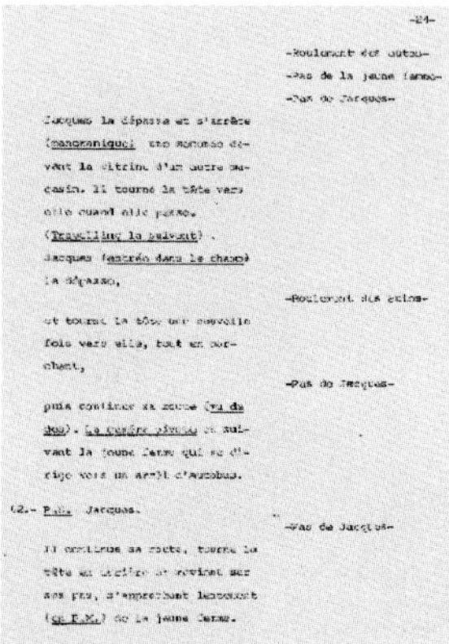
-24-
-Roulement des autos-
-Pas de la jeune femme-
-Pas de Jacques-
Jacques la dépasse et s'arrête (panoramique) une seconde devant la vitrine d'un autre magasin. Il tourne la tête vers elle quand elle passe. (Travelling la suivant). Jacques (entrée dans le champ) la dépasse,
-Roulement des autos-
et tourne la tête une nouvelle fois vers elle, tout en marchant,
-Pas de Jacques-
puis continue sa route (vu de dos). Le cadre pivote en suivant la jeune femme qui se dirige vers un arrêt d'autobus.
12.- P.M. Jacques.
-Pas de Jacques-
Il continue sa route, tourne la tête en arrière et revient sur ses pas, s'approchant lentement (en P.M.) de la jeune femme.

Rapidement systématisé par les grandes compagnies américaines qui voient en lui un moyen de contrôler plus efficacement la production de leurs films, le *storyboard* est confié par elles à des équipes d'illustrateurs anonymes qui se contentent de visualiser sur le papier des choix arrêtés lors de la préparation du film et dont la responsabilité leur échappe. Outil évident d'économies (il suffit au décorateur de le regarder pour savoir quelle portion d'un décor sera visible à l'image et quelle autre il peut se dispenser de construire), le *storyboard* est alors une contrainte difficilement tolérable pour la liberté du metteur en scène, réduit au rôle de simple exécutant d'un projet déjà formalisé dans ses moindres détails.

De telles équipes de dessinateurs ont disparu avec les méthodes de production à la chaîne qui en justifiaient l'existence. Aujourd'hui, le recours au *storyboard* n'est plus le fait que de producteurs ou de réalisateurs isolés qui n'y font appel que pour répondre à des besoins bien spécifiques. Ceux d'abord des productions particulièrement complexes qui

Le scénario (à gauche) de Robert Bresson pour *Quatre Nuits d'un rêveur* (1971) partage en deux colonnes verticales les descriptions visuelles et sonores. Les indications de mise en scène y témoignent du degré extrême de préparation. Dans les studios de Paramount à Long Island, des rangées de dessinateurs (ci-dessous) exécutent les esquisses qui interprètent le scénario pour visualiser la mise en scène à venir.

Pour une scène particulièrement difficile de *Malcom X* (1992), le réalisateur américain Spike Lee (à droite) préfère s'appuyer sur le *storyboard* exécuté sur ses indications par Jeff Balsmeyer.

exigent un modèle de référence auquel chacun peut se reporter à tout instant pour s'assurer qu'il ne dévie pas du projet initial (c'est le cas lorsque la mise en scène doit raccorder avec des effets spéciaux réalisés indépendamment d'elle). Ceux aussi de véritables auteurs comme Joseph Losey, John Huston, Alfred Hitchcock ou, plus près de nous, Spike Lee, Terry Gilliam ou Francis Coppola, qui se servent de ce procédé pour tester visuellement leur projet de mise en scène et en faciliter la communication à tous leurs collaborateurs.

Des règles et des différentes méthodes pour leur tordre le cou

Nombreux sont ceux qui ont voulu codifier l'écriture du scénario, reproduisant trop souvent les principes d'une dramaturgie classique dont l'articulation ternaire consacrée

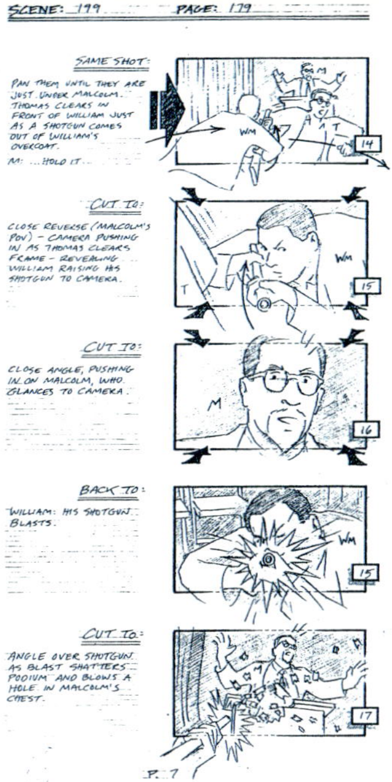

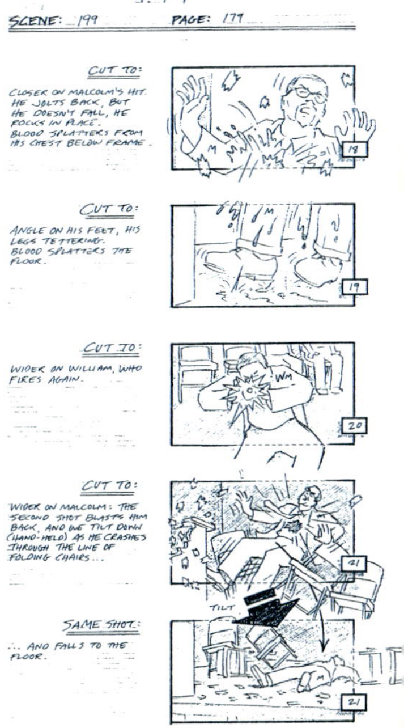

par des siècles d'usage (exposé d'une situation initiale, développement dramatique riche en péripéties, résolution finale des conflits) continue de régler les neuf dixièmes de la production cinématographique.

Pour l'Italien Tonino Guerra, «la plus belle structure, c'est la structure manquée. C'est très beau de faire une structure déséquilibrée, mais qui soit juste». Rien de commun, en apparence, entre les purs poèmes de Tarkovski (*Le Miroir*, 1974, et *Le Sacrifice*, 1986), les constructions polyphoniques de Robert Altman (*Nashville*, 1975; *Short Cuts*, 1992), les variations autobiographiques de Fellini (*Huit et demi*, 1963; *Amarcord*, 1973), les arborescences dramaturgiques d'Alain Resnais (*No Smoking* et *Smoking*, 1993) ou les ruptures de continuité de Quentin Tarantino (*Pulp Fiction*, 1993). Rien, sinon le même souci de tordre le cou à la fiction, de réinventer d'autres façons de parler du monde, d'autres scénarios pour un autre cinéma.

Né dans l'urgence d'un hiver particulièrement froid, *Sans toit ni loi* (1985) d'Agnès Varda s'est décidé sur deux pages seulement de synopsis. L'odyssée de Mona, la vagabonde interprétée par Sandrine Bonnaire (ci-dessus avec Yahiaoui Assouna), s'est ensuite nourrie des observations accumulées par Varda durant la préparation.

Une autre liberté de filmer

Est-ce même bien de «scénario» dont il faut encore parler quand

le cinéaste revendique la liberté d'inventer son film au tournage, quand il se lance dans l'aventure de la réalisation sans le garde-fou d'un scénario à suivre, ne fût-ce que pour en récuser les choix. Agnès Varda, dans *Sans toit ni loi* (1985), entoure Sandrine Bonnaire de non-professionnels rencontrés lors de ses repérages : « J'écrivais les dialogues à la main, dans mon lit ; il faisait encore nuit. On les photocopiait quand le jour se levait à peine et je les livrais aux acteurs à l'heure où le boulanger nous livrait les croissants. C'est ça, la vie ! » Rares sont les metteurs en scène de films de fiction – Jean-Luc Godard, John Cassavetes – qui, comme elle, ont choisi d'assumer le risque, banal pour les réalisateurs de films documentaires, de faire confiance aux rencontres de hasard, aux improvisations dirigées, d'encourager le réel à contaminer la fiction que d'autres auraient prétendu contrôler dans sa totalité.

Chacun à sa façon, ils nous disent que la seule, la vraie création au cinéma, c'est le film, et que le scénario dont ils refusent la contrainte n'est rien de plus qu'un outil commode, une étape transitoire d'un projet d'une autre nature, l'objet matériel sur lequel peuvent se rencontrer toutes les énergies associées pour faire exister ce qui n'est encore que rêve d'œuvre à venir.

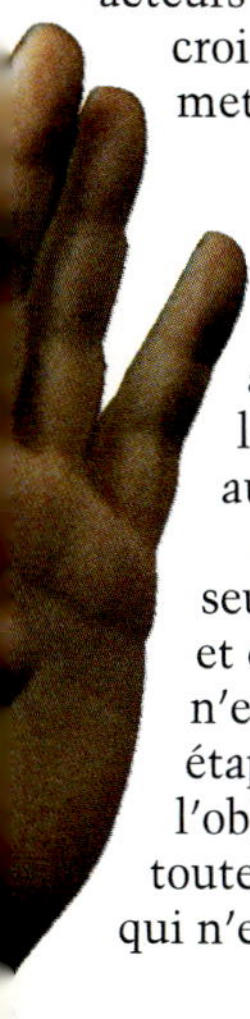

Andrej Tarkovski (ci-contre, à droite, durant le tournage de *Nostalghia* en 1983) revendique un cinéma poétique et visionnaire, libéré des contraintes de la dramaturgie traditionnelle. De son dernier film, *Le Sacrifice* (1986), il dira : « Quant à la forme que j'ai voulu lui donner, elle se situe du côté de la complainte, de la parabole, dans la mesure où il y a plusieurs niveaux de sens. Chaque épisode non seulement porte l'empreinte de la réalité, mais offre plusieurs registres de signification. [...] Ce sont des épisodes conçus comme une parabole, mais filmés comme s'ils étaient naturels. »

Robert Altman (page de gauche) poursuit depuis *Nashville* (1975) une veine particulièrement originale de films polyphoniques où se croisent les destins des personnages les plus divers. On retrouve dans *Un mariage* (1978) comme dans *Beyond Therapy* (1986), *Short Cuts* (1994) ou *Prêt-à-porter* (1995) la même recherche de l'unité au-delà de la fragmentation de surface.

ARS EST PECUNIA

Pour devenir film, le projet a besoin d'être pris en charge par une structure qui le rende financièrement possible. C'est le rôle du producteur de trouver l'argent pour la réalisation du film, puis de contrôler comment celui-ci est dépensé. Mais il personnalise aussi, souvent, la force qui dès l'origine a porté le projet et il préside à tous les choix qui permettront de le mener à terme.

CHAPITRE III

LE PRODUCTEUR

«Ars gratia artis : l'art pour l'art», proclamait fièrement la devise de la M.G.M. Dans *La Dernière Folie de Mel Brooks* (1976), le réalisateur la pastiche brutalement : «L'art, c'est de l'argent.»

Fondée en 1915, la société de production Triangle associait trois réalisateurs prestigieux : Thomas Ince, David W. Griffith et Mack Sennett. Elle ne durera que trois ans.

Le prix de revient moyen d'une réalisation française dépasse, en 1993, dix-sept millions de francs. Mais, la même année, *Germinal* de Claude Berri atteint cent cinquante millions de francs et, aux Etats-Unis, le coût de production estimé de *True Lies* de James Cameron est quatre fois supérieur : plus de cent millions de dollars. De toutes les œuvres de pure création, le film est sans aucun doute la plus onéreuse à réaliser, celle aussi qui fait miroiter les bénéfices les plus substantiels aux investisseurs qui financent sa production.

Un petit nombre de films sont des enfants de l'amour, portés par le désir de création d'un auteur et l'enthousiasme d'un groupe assemblé autour de lui pour l'aider à matérialiser son rêve. Bien plus nombreux sont les produits de mariages de raison, arrangés autour d'une table de négociations par des partenaires qui ne recherchent qu'un intérêt financier. Dans tous les cas, un rôle décisif est tenu par le producteur qui prend en charge le financement du film et la gestion effective de sa réalisation, en même temps qu'il en rend possible la distribution grâce aux accords conclus à cette fin avec les diffuseurs potentiels, qu'ils soient nationaux ou étrangers.

Des «majors» aux indépendants

Le cinéma américain a familiarisé le public avec les *major companies* comme la M.G.M. ou la Paramount, qui produisaient une centaine de films par an, et en assuraient elles-mêmes la distribution, voire l'exploitation grâce aux circuits de salles qui leur étaient associés. Le même rôle était tenu en France par Gaumont ou Pathé, en Grande-Bretagne par Rank, au Japon par Toho ; on pourrait en multiplier les exemples.

A cette tendance à la concentration de la production qui s'affirme dès les années vingt répond un peu partout l'émergence

Après quatre ans de films militants souvent anonymes, Jean-Luc Godard semble réintégrer la production traditionnelle lorsqu'il réalise *Tout va bien* (1972). Il scandalisera pourtant son producteur en ouvrant le film par la décomposition en autant de chèques (à droite) des divers postes du devis.

Dans les années quarante, J. Arthur Rank possède la moitié des studios britanniques et plus de mille salles de cinéma. On le voit ci-dessous, entre Claude Rains et Vivien Leigh, pendant le tournage de *César et Cléopâtre* (1945). A gauche, le producteur exécutif E. T. Carr.

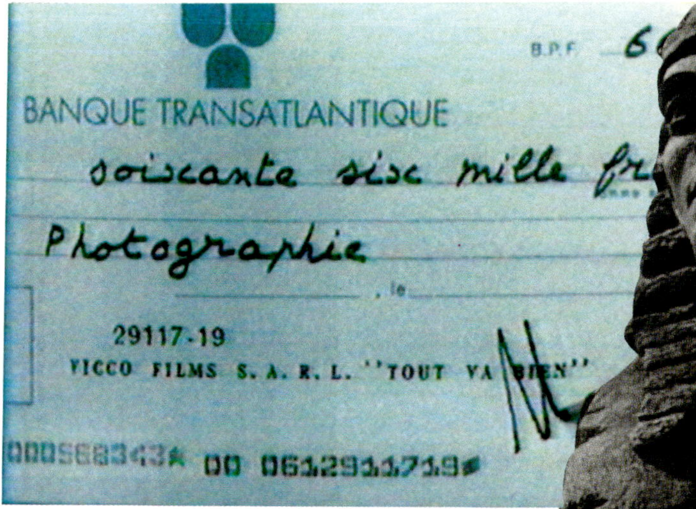

de producteurs indépendants qui refusent de se soumettre aux diktats des grandes compagnies. Le modèle le plus connu en est celui des Artistes associés, fondés en 1919 par quelques-uns des réalisateurs et acteurs

les plus populaires des Etats-Unis : Charles Chaplin, David W. Griffith, Mary Pickford et Douglas Fairbanks, soucieux de préserver leur liberté de création et d'engranger pleinement les dividendes de leur succès.

Soucieux de préserver leur indépendance créative face aux fusions des grandes compagnies, désireux aussi de ne pas abandonner à d'autres les énormes bénéfices de leurs films, les plus grands noms du cinéma américain s'associent en 1919 pour distribuer leurs propres productions à travers les Artistes Associés. Outre le prestigieux réalisateur David W. Griffith, les fondateurs de la nouvelle compagnie sont les trois comédiens les plus en vogue : Douglas Fairbanks, Charles Chaplin et Mary Pickford, qu'on voit poser ci-dessus à l'occasion du tournage de *Pollyanna* (1919), la première production de Pickford pour Artistes Associés.

Après la Seconde Guerre mondiale, l'activité de production des grandes compagnies tend à se réduire et on les voit l'abandonner progressivement à des producteurs indépendants dont elles préfèrent financer les projets. Elles s'épargnent ainsi la lourde contrainte de gérer une organisation permanente de production tout en se réservant de pouvoir tirer de substantiels bénéfices de leur activité de distribution.

Une nouvelle race de producteurs

Des cinéastes comme Alfred Hitchcock, John Huston ou Howard Hawks deviennent leurs propres producteurs, bientôt imités par des comédiens comme Burt Lancaster ou Kirk Douglas, puis Clint Eastwood et Robert Redford. A propos de Kirk Douglas, on aurait tort de croire que Stanley Kubrick l'ait engagé pour le rôle-titre de *Spartacus* (1960); il s'agit exactement de l'inverse : c'est Douglas, producteur du film, qui, mécontent d'une première semaine de tournage dirigée par Anthony Mann, remplaça celui-ci par le jeune Kubrick, dont il avait déjà produit et interprété trois ans plus tôt *Les Sentiers de la gloire*.

La leçon profite, outre-Atlantique, à la génération de la Nouvelle Vague qui comprend vite que la garantie de son indépendance créatrice réside dans sa capacité à prendre en main sa propre destinée, et donc à produire elle-même ses films. Ce que mettront en œuvre, en France, des réalisateurs tels que Louis Malle, François Truffaut ou Claude Berri, puis des acteurs comme Jean-Paul Belmondo ou Alain Delon.

Du montage financier à la gestion d'une entreprise

Qu'il produise ses propres films ou qu'il gère les projets des autres, le producteur moderne risque rarement sa fortune personnelle. Son rôle, le plus souvent, est celui d'un promoteur qui s'adresse aux investisseurs pour réunir le financement nécessaire à la

Après deux semaines de tournage, Kirk Douglas (ci-dessous), vedette et producteur de *Spartacus*, décide, le vendredi 13 février 1959, de remplacer le réalisateur Anthony Mann par le peu connu Stanley Kubrick (qui dirige, ci-contre, le tournage en Espagne des scènes de batailles du film). «Tous les regards se braquèrent sur ce jeunot d'une trentaine d'années. On crut d'abord à une plaisanterie. Puis ce fut la consternation générale. Moi, j'avais déjà travaillé avec Stanley, eux pas.»

réalisation d'un projet. Il le trouvera en sollicitant des avances des distributeurs et des chaînes de télévision, en recourant aux banques et aux sociétés d'investissement spécialisées, en obtenant des studios et des laboratoires que le paiement de leurs prestations soit différé jusqu'à la sortie du film, en vendant sur projet le film à l'étranger, en proposant aux techniciens et comédiens de mettre une partie de leur salaire en participation, en recherchant aussi des coproducteurs qui lui permettent de diviser d'abord les risques, mais qui l'obligent ensuite à en faire autant des bénéfices.

C'est au producteur, responsable financier d'une entreprise dont il est souvent l'instigateur, qu'il appartient de définir les choix essentiels, en accord avec le metteur en scène qu'il a engagé pour réaliser le film. C'est lui qui achète les droits du sujet, finance l'écriture du scénario, engage les comédiens et techniciens. Lui, ensuite, qui prend, en cours de

Producteur indépendant, dans les années cinquante, d'une remarquable série de films comme *Champion*, *Le Train sifflera trois fois* ou *Les 5 000 Doigts du Dr T.*, Stanley Kramer passe à la réalisation en 1955 et met en scène une quinzaine de films. Son bref retour à la production au début des années soixante est marqué par sa difficile collaboration avec John Cassavetes qui renie le tournage d'*Un enfant attend* (1963), supervisé par Kramer qu'on voit ci-dessus (à gauche) discuter avec son réalisateur.

tournage, les décisions qui s'imposent pour mener l'aventure à son terme. S'il a de l'audace et des ambitions artistiques, cela donnera les admirables palmarès d'Anatole Dauman – producteur de Resnais, Bresson, Godard, Oshima ou Wenders – ou de Serge Silberman, qui a rendu possibles les derniers films de Buñuel ainsi que *Ràn* (1984) de Kurosawa.

D'abord des contrats

Il revient au producteur de négocier et de signer personnellement les contrats des auteurs du futur film, ainsi que ceux des principaux comédiens dont, parfois, la simple acceptation peut suffire à rendre le financement du projet possible.

Les auteurs, au regard du droit international, sont tous ceux qui, contribuant au film en y apportant une part décisive de création personnelle, sont rétribués non en salaire mais en pourcentage sur les bénéfices tirés de l'œuvre lors de sa diffusion : le réalisateur (également salarié pour la part purement technique de son travail), les scénaristes et dialoguistes ; les musiciens qui font l'objet d'un contrat d'un type particulier auquel est associé celui d'un éditeur de la musique. Les contrats des auteurs, qui préservent la propriété intellectuelle de ces derniers sur leur création,

Le producteur Daniel Toscan du Plantier et le comédien Gérard Depardieu s'associent en 1990 avec Satyajit Ray pour financer l'avant-dernier film du cinéaste bengali (à gauche).

Producteur des plus grands succès du cinéma allemand des années vingt, Erich Pommer produit aux Etats-Unis en 1927 deux films avec la star polonaise Pola Negri (ci-dessous) : *Hôtel impérial* et *Barbed Wire*.

A Nation-Wide Call

For New Ideas for the Screen— and New Writers to Supply Them

Producers are Searching Everywhere for New and Original Stories for Their Productions

prévoient la cession de ces droits au producteur pour un temps limité et selon les types d'exploitation prévus pour l'œuvre. Sont exclus du statut d'auteurs les créateurs de la lumière ou des décors, paradoxalement réputés simples techniciens qui ne contribueraient en rien de véritablement original au film.

Lorsque la production est assurée par une compagnie importante, susceptible d'avoir en chantier plusieurs films simultanément, cette autorité au plus haut niveau du producteur est exercée par un «producteur délégué», ou «producteur exécutif», n'ayant de comptes à rendre qu'au directeur général qui l'a désigné. Ces individus à l'inestimable talent firent les beaux jours du *studio system* américain, lorsque Louis B. Mayer régnait sur les différentes unités de production de la M.G.M. Talent de savoir réunir sur un même projet les scénaristes, le réalisateur, les techniciens et les comédiens les mieux à même d'en tirer le meilleur profit. Talent aussi, à l'occasion, d'être capables d'imprimer à leurs films une marque aussi personnelle que celle d'Arthur Freed – auteur lui-même de nombreuses chansons –, responsable de la quasi-totalité des comédies musicales avec Gene Kelly ou Fred Astaire qui, comme *Chantons sous la pluie* (1952) ou *Tous en scène* (1953), ont enchanté le public de l'après-guerre.

Le directeur de production

Si le producteur est le promoteur de ce coûteux édifice qu'est le film, le directeur de production en est le maître d'œuvre, chargé de superviser au jour le jour l'avancement du projet et d'en coordonner toutes les phases. Agissant comme représentant du producteur, il assure le contrôle administratif et financier de toutes les opérations de préparation, de réalisation et de postproduction du film, jusqu'au tirage de la copie zéro qui en marque l'achèvement. Avant toute autre chose, c'est lui qui rend possible l'établissement d'un devis grâce au dépouillement du scénario établi, avec l'aide du régisseur général, qui joue à son égard un rôle similaire à celui de l'assistant auprès du réalisateur. Jusqu'à la fin de la phase de production, il demeurera le responsable de la bonne exécution du devis approuvé par le producteur et dirigera une équipe comptable qui établit en permanence

Les grands studios n'hésitent pas à recourir aux annonces dans la presse (page de gauche) pour rechercher des sujets neufs.

Engagé au début du parlant comme parolier pour les comédies musicales de la M.G.M., Arthur Freed (ci-contre) est élevé par Louis B. Mayer à la responsabilité de producteur en 1939. Il s'entoure des meilleurs talents et constitue l'équipe responsable des plus belles comédies musicales de l'après-guerre : *Le Chant du Missouri* (1944), *Le Pirate* (1948), *Un jour à New York* (1949), *Un Américain à Paris* (1951), *Chantons sous la pluie* (1952), *Tous en scène* (1953), *Brigadoon* (1954), *Beau Fixe sur New York* (1955), *Gigi* (1958) et bien d'autres encore. C'est à lui qu'on doit les paroles des quinze chansons de *Chantons sous la pluie* (à gauche, avec Gene Kelly, Debbie Reynolds et Donald O'Connor).

le bilan des dépenses effectives – affectueusement surnommé la «grenouille», tant on craint de le voir se gonfler comme un bœuf –, le compare aux prévisions et en estime l'évolution à venir.

C'est lui encore qui élabore les contrats avec les principaux fournisseurs (studios, laboratoires, loueurs de costumes, fabricants de pellicule) et procède à l'engagement du personnel administratif et technique ainsi qu'à celui des comédiens secondaires. Toujours assisté du régisseur général, il coordonne ensuite dans tous ses détails pratiques la bonne réalisation du film. Après l'achèvement du tournage, il supervise les opérations de montage, de mixage et d'enregistrement de la musique, puis les relations avec les laboratoires jusqu'à l'acceptation de la première copie définitive.

Plan de travail

Outre le devis proposé par le directeur de production, le dépouillement du scénario effectué par le régisseur général et l'assistant réalisateur permet

l'établissement d'un plan de travail. Ce document, qui respecte rarement la continuité du scénario, vise plutôt à désarticuler celui-ci pour en regrouper les scènes en fonction des comédiens ou des décors qui y seront impliqués. Il s'agit en effet de déterminer le temps qu'exigera la réalisation de chacune d'elles, et comment ce temps peut être programmé en fonction des disponibilités des comédiens, des contraintes imposées par l'alternance des décors sur un même plateau ou par le regroupement souhaitable des tournages en extérieurs réels.

Film "A LA CAMPAGNE"

Réal. : Manuel POIRIER
Prod. : Maurice BERNART
SALOME

17-Mai-94

N° 4

1er Assist. Réal. : C. PORTRON
Chef-opérateur : N. KEO KOSAL

LIEUX	
MOIS	
SEMAINES	
J/TOURNAGE	1
J/SEMAINE	S
DATES	30
Horaires début	8h
Horaires fin	17h
DECORS	INT/EXT/PRISON/BUS
SEQUENCES	1
	2
	3
	4
EFFETS	

Nº	RÔLES	C	ACTEURS	
1	LILA	26	J. HENRY	1
2	BENOIT	31	B. REGENT	
3	PABLO	15	S. LOPEZ	
4	GASTON	15	J.J. VANIER	
5	EMILE	12	S. RIABOUKINE	
6	FRANCOISE	6	L. DUTHILLEUL	
7	MYLENE	7	E. COMMELIN	
8	ANDRE	4	J.Y. GAUTHIER	
9	DAISY	2	A. LEFEBURE	
10	NATHALIE	5	C. CELINE	
11	PERE NAT	4	M. VANHEULE	
12	FLORENCE	1	D. VALSONNE	
13	PATRON BOUTIQUE	1	G.P. MINEUR	
14	CATHY	6	E. VITALI	
15	SANDRA	1	D. HOLLIER	
16	PETIT JOURNAL	6	O. BROCHE	
17	SIDONIE	1	V. ATTIE	
18	VOISIN MICHEL	3	R. DELANGE	
19	VOISIN FRANCOIS	3	F. GALEPPE	
20	DRAGUEUR CAFE	1	G. LAVIGERIE	
21	NADINE	4	V. DELESTAING	
22	PAYSAN EN COLERE	1	M. FAYOLE	
23	CONCIERGE PARIS	1	H. HILY	
24	MERE NATHALIE	1	S. VANHEULE	
25	FRERE NATHALIE	1	D. VANHEULE	
26	PAYSAN (ANE)	1		
27	LE FACTEUR	2		
28	GENDARME 1	1	P. BANDERET	
29	GENDARME 2	1	F. KACHEV	
30	HOLLANDAISE	3	P. BLANKEVOORT	
31	FLIC SAOUL 1	1	P. DUQUESNE	
32	FLIC SAOUL 2	1	Y. ROBIN	
33	ENFANT 6 ANS	1		
34	GOSSES FLIPPER	2		
35	JEUNE SURVEILLANTE	1		35
36	GARCON CAFE ST DENIS	1		
37	NORMAND DRAGUEUR	1		
38	PATRON FRANCOISE	1		
39	PATRON PUB CAEN	1		
40	UN BEBE	1		
P	PROSTITUEE Nº 1	1	N. VERRON	
41	CHAT	1		
42	SALOPARD	20		
43	ANIMAUX	17		
			J/SEMAINE	S
			DATES	30
44	FIGURATION	20		11
54	MEHARI TRAV	6		
45	TRAIN	1		
46	VOITURE TRAV	3		
47	BUS	1		47
48	MOTO	7		
49	VOITURE BENOIT	19		
50	SOLEX	[illegible]		
51	VOITURE PABLO			
52	VOITURE EMILE			
53	CHIOTS			

Régisseur et assistant profitent encore de ce dépouillement pour noter toutes les informations qui leur seront utiles par la suite : nombre de figurants requis par une scène, difficultés techniques à prévoir, effets spéciaux à programmer, pendant que le chef décorateur et le créateur de costumes effectuent parallèlement le leur pour savoir quels décors, quels costumes seront nécessaires, quelles contraintes de mise en scène ils devront respecter, quels accessoires il faudra rechercher. Initialement établis pour faciliter à chaque département l'évaluation de son devis et l'organisation du plan de travail, ces dépouillements spécialisés, synthétisés par le régisseur général, seront récapitulés scène par scène pour rappeler à chacun durant le tournage ce qu'on attend de lui.

Le plan de tournage (au centre) permet une vision synthétique du déroulement prévu de la réalisation. Jour après jour y sont détaillés les décors concernés, les séquences à tourner, les comédiens impliqués, la figuration nécessaire et les besoins particuliers.

Un film est une entreprise éphémère ; il ne saurait être question d'acheter tous les éléments nécessaires à sa réalisation. Chez des particuliers ou des loueurs, on recherche le matériel d'éclairage et de prise de vues, les meubles, les véhicules

d'époque, les armes ou les animaux, que leurs dresseurs accompagneront sur le tournage.

Choisir les comédiens...

Une autre étape importante de la préparation du film consiste à compléter la distribution des comédiens qui interpréteront le film. Si le choix des principales vedettes se fait fréquemment dès l'origine d'un projet, qu'il aidera ensuite à trouver son financement, celui des rôles secondaires, en revanche, ne présentant pas le même caractère d'urgence, ne sera bien souvent arrêté qu'à quelques jours du tournage. Pour ces rôles secondaires, mais aussi lorsque la production recherche des comédiens peu connus pour tenir les rôles principaux, il n'est pas rare que producteur et metteur en scène fassent appel au flair d'un directeur de *casting*, qui cherchera pour eux l'oiseau rare et sélectionnera les candidats parmi lesquels ils n'auront plus qu'à choisir.

Rares sont les cas d'amateurs sans réelle expérience capables de conduire une véritable carrière. Pour un Lino Ventura, catcheur sans autre ambition, découvert à trente-cinq ans par le cinéma, ou une Claudia Cardinale qui, lauréate à dix-huit ans d'un concours de beauté dont le premier prix était une invitation au Festival de Venise, s'y voit remarquée par des producteurs, combien d'autres sont retombés dans l'anonymat après un succès éphémère, comme ces

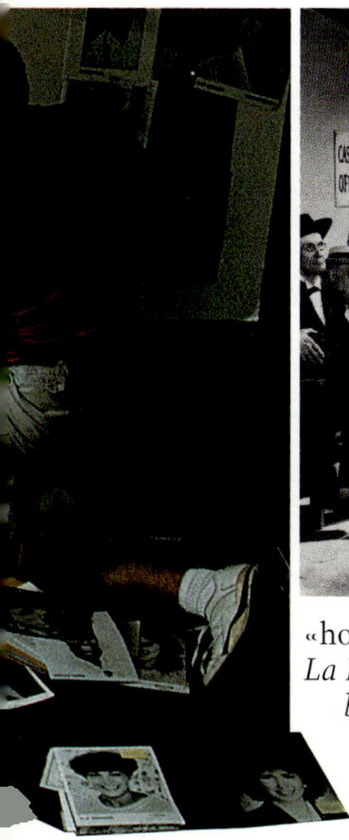

«hommes de la rue» engagés pour *La Foule* (1928) ou *Le Voleur de bicyclette* (1948) ou encore le petit interprète du *Pather Panchali* (1955) de l'Indien Satyajit Ray, remarqué par la femme du réalisateur en train de jouer sur une terrasse après que Ray eut rencontré sans succès des centaines d'enfants attirés par ses annonces ? Bien plus souvent, la «découverte» qui éclate d'un coup sur les écrans hantait depuis longtemps les coulisses, à l'image de Jodie Foster, révélée à treize ans par *Taxi Driver* (1976) de Martin Scorsese, mais qui s'était rodée dans des publicités depuis l'âge de deux ans et tournait de véritables films depuis plus de quatre ans. Demeurent encore à pourvoir les petits rôles, la figuration professionnelle et celle, occasionnelle, qui sera recrutée localement pour des besoins spécifiques.

Le cinéma a rendu familière l'image des comédiens sans travail dans les antichambres des agences de casting (ci-dessus, une agence américaine en 1935). Les découvreurs de talents gardent en mémoire des milliers de photos et d'informations sur les comédiens les plus divers. Ci-dessous, Jodie Foster dans *Taxi Driver* (1976).

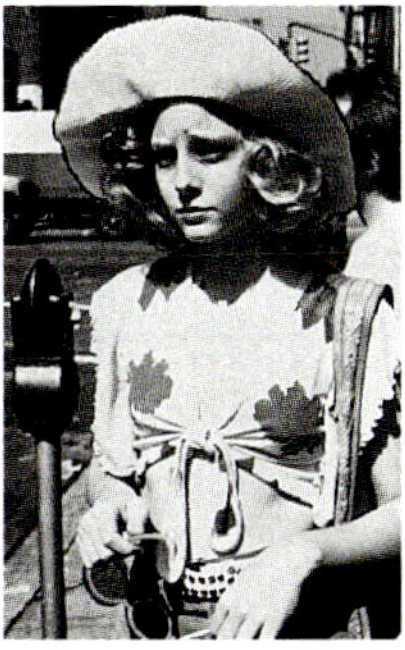

SELZNICK
BUNDSMAN
HARTEN
INT

C'est un garçon blond
aux yeux bleus

Les visages de Scarlett et Tadzio

Pendant plusieurs mois, Luchino Visconti parcourt l'Europe pour y trouver l'interprète idéal de Tadzio, l'éphèbe évanescent qui fascine le héros vieillissant de *Mort à Venise* (1971). Il auditionne (à gauche) des centaines d'adolescents, avant de choisir un Suédois de quinze ans, Björn Andressen (ci-contre, avec Dirk Bogarde).

Quand débute le tournage d'*Autant en emporte le vent*, l'interprète de Scarlett O'Hara n'est toujours pas désignée. Dix-neuf candidates (page précédente,à droite) se succèdent en 1938 devant les caméras pour des essais. Dans la foule réunie le 10 décembre pour assister aux premières prises de vues du film, le producteur remarque une jeune comédienne anglaise : «Les flammes mourantes éclairaient son visage. [...] Au premier regard j'ai su qu'elle répondait, physiquement au moins, à mon idée de Scarlett O'Hara», se souviendra David O. Selznick. L'annonce que Vivien Leigh (à gauche) incarnera Scarlett met fin à un suspense qui tenait le public américain en haleine depuis plus de deux ans.

Ils ne seront engagés, souvent, que quelques heures seulement avant le tournage d'une scène, et ils ne sauront qu'à la sortie du film quelle place elle tenait dans l'ensemble d'un projet dont ils n'ont rien à connaître.

... et trouver les décors

Le dernier grand choix à opérer est celui des espaces dans lesquels sera tourné le film. Rares sont les cas où l'on peut envisager de construire intégralement ces espaces, et l'on préférera associer des intérieurs de studios à des extérieurs réels ou même, de plus en plus fréquemment, tourner intégralement en extérieurs réels et renoncer à tout recours au studio.

Pour trouver ces décors naturels, il est nécessaire de procéder à des repérages qui associent généralement le réalisateur, son assistant et le chef décorateur. Leurs contraintes sont multiples, à commencer par la recherche des extérieurs dans un périmètre suffisamment rapproché de leur base de production pour éviter les défraiements importants qu'entraînerait le déplacement de plusieurs dizaines de personnes loin de leur domicile. Impossible pourtant de ne pas s'éloigner, si le souci d'authenticité ou de spectaculaire exige d'autres décors que ceux que propose le voisinage. Si l'on veut éviter, pour *La Fille de D'Artagnan* (1994) de Bertrand Tavernier, de construire en studio le Paris du XVIIe siècle, ce n'est pas dans la réalité contemporaine de Paris que l'on devra chercher ses décors, mais à Sarlat, une ville ancienne du Périgord dont les rues tortueuses et les vieilles bâtisses, miraculeusement préservées, seront historiquement beaucoup plus crédibles.

L'île de Pâques est le cadre de *Rapa-Nui* de K. Reynolds (à gauche), les Alpes suisses, celui de *Cinq Jours ce printemps-là* (1982, ci-dessous) de F. Zinnemann. Robert Redford (à droite) repère au Nouveau-Mexique les lieux de tournage de *Milagro* (1987).

Adéquation, rationalisation, autorisations

Faire les repérages, ce sera donc trouver les extérieurs les mieux adaptés au film, et tenir compte dans son choix des facilités d'accès, de l'éclairage naturel fourni par le soleil, de ce que sera devenue la végétation

quand le moment viendra d'y tourner. Peut-être faut-il déjà prévoir, comme pour *L'Homme du Sud* (1945) de Jean Renoir, de semer le coton qui devra être récolté dans le film, ou bien chercher le ruisseau qu'il faudra détourner pour inonder la ferme de *Mademoiselle* (1984) de Tony Richardson comme le réclame le scénario. Si, comme c'est souvent le cas, on filme en extérieurs les abords et les façades de bâtiments dont l'intérieur sera reconstruit en studio, le décorateur prend des croquis, des photos, afin que ses décors raccordent en tout point avec les extérieurs réels.

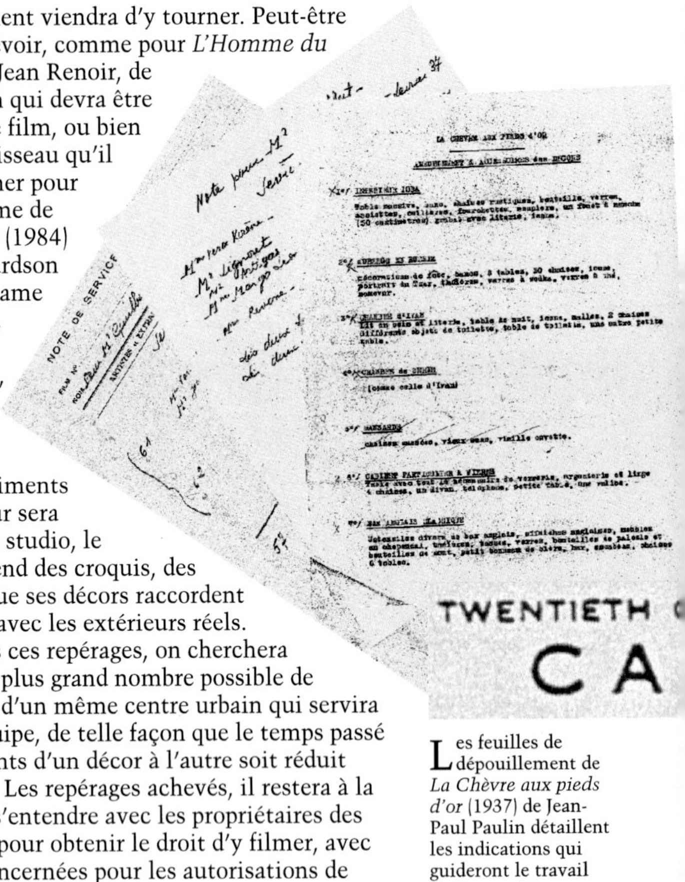

Durant tous ces repérages, on cherchera à regrouper le plus grand nombre possible de décors autour d'un même centre urbain qui servira de base à l'équipe, de telle façon que le temps passé en déplacements d'un décor à l'autre soit réduit au minimum. Les repérages achevés, il restera à la production à s'entendre avec les propriétaires des lieux retenus pour obtenir le droit d'y filmer, avec les mairies concernées pour les autorisations de tournage, avec les hôtels ou les habitants du cru pour organiser l'hébergement.

Les feuilles de dépouillement de *La Chèvre aux pieds d'or* (1937) de Jean-Paul Paulin détaillent les indications qui guideront le travail de l'ensemblier et celui de l'accessoiriste de plateau. Le film sortira sous le titre *La Danseuse rouge*, après le remplacement par Jean Worms de Gabriel Signoret, décédé en cours de tournage. L'ambiance russe exigée par le sujet est assurée par le chef opérateur Toporkoff et le décorateur Lochakoff.

Les feuilles de service du régisseur

Durant la réalisation du film, le travail de l'équipe de production continue ! Pendant que le directeur de production engage les dépenses et tient à jour les bilans, le régisseur général continue à gérer la myriade de détails matériels qui réclament son attention, d'une autorisation administrative à obtenir à l'engagement de figurants ou à la location de véhicules d'époque.

En concertation avec l'assistant réalisateur, il prépare les feuilles de service qui seront distribuées chaque soir à la fin du tournage. Chacun y trouvera les détails matériels qu'il lui faut connaître pour la journée suivante : l'heure et le lieu où se retrouveront les membres de l'équipe ; quand les vedettes seront prises à leur domicile par une voiture de la régie ; à quelle heure, déjà maquillées, elles devront être prêtes à tourner ; les modalités de la pause du déjeuner... Chacun saura quels plans doivent être tournés et les particularités qui s'y attachent, quels comédiens y sont impliqués, quels costumes, quels accessoires seront nécessaires, quels effets spéciaux doivent être préparés, combien de figurants seront mobilisés et si le petit chien qui traversait hier la rue est encore au programme. La feuille de service distribuée par la régie vient ainsi rappeler à chacun qu'il participe à une grande aventure collective de création et que, si le réalisateur en est le pilote, la production, elle, s'assure que le carburant ne manquera pas et que les conditions sont bien réunies pour la mener à bon port.

Nourrir dans les meilleures conditions l'équipe technique et les comédiens d'un film a toujours été une des préoccupations du producteur. Il est essentiel en effet que les personnels mangent rapidement, pour ne pas perdre de temps, suffisamment bien pour revenir satisfaits à leur tâche, assez légèrement pourtant pour que la digestion n'entrave pas leur efficacité. Dans les cantines des studios se croisent les figurants (ici ceux de la M.G.M. dans les années trente) pendant que vedettes et chefs de service fréquentent les restaurants plus sophistiqués qu'offrent aussi les studios. En extérieurs, on fera appel à des traiteurs spécialisés qui savent s'adapter aux impératifs du tournage indiqués par la *call sheet* (feuille de service) du film.

Réaliste ou non, le décor est toujours création d'une image du monde qui appartient au film et porte la signature de son décorateur. C'est dans cette marge d'interprétation, qu'il établit par rapport au réel évoqué, que réside son apport essentiel, en accord avec le réalisateur, au projet duquel il lui appartient de donner une forme.

CHAPITRE IV
LE DÉCORATEUR

Auteur inspiré des décors du *Cabinet du Dr Caligari* (Fritz Lang, 1919) et des *Trois Lumières* (1921), Hermann Warm a construit en volume la maquette miniature de la place de Rouen qui accueillera la scène finale de *La Passion de Jeanne d'Arc* (1928) de Carl T. Dreyer. A gauche, un décor édifié à Cinecittà pour *Sahara secret*.

Les premiers décors de cinéma étaient de simples toiles peintes héritées du théâtre, installées face à une caméra qui ne s'en approchait guère. Dès la Première Guerre mondiale, ils cèdent la place à des décors construits beaucoup plus importants et détaillés et qui peuvent être filmés sous toutes leurs faces. Parallèlement, les cinéastes reconnaissent leur valeur spectaculaire et c'est l'époque des énormes constructions, comme le temple carthaginois de *Cabiria* (Giovanni Pastrone, 1913) ou le gigantesque décor babylonien d'*Intolérance* (David W. Griffith, 1915) capable d'accueillir quatre mille figurants.

La découverte de l'artifice

Ce coûteux gigantisme sera de courte durée et les décorateurs comprendront vite les avantages de trucages qui leur permettent de combiner les espaces bien réels où jouent les comédiens avec d'autres espaces aux extensions d'autant plus illimitées qu'ils n'existent que sous la forme de miniatures peintes ou tridimensionnelles. Dès 1925, la célèbre course de chars du *Ben Hur* de Fred Niblo se déroule dans un Cirque Maxime dont les deux tiers supérieurs ne sont qu'une adroite miniature peuplée de milliers de petites silhouettes animées.

Si les années vingt voient au cinéma le triomphe du réalisme d'un espace intégral sur l'artifice perspectif du théâtre, elles sont tout autant marquées par des expérimentations plastiques qui désignent le décor comme partie intégrante du processus de création. C'est la période où, en France, Fernand Léger, Cavalcanti, Autant-Lara et Mallet-Stevens se partagent les décors de *L'Inhumaine* (Marcel L'Herbier, 1924) pour en faire le manifeste d'un cinéma qui n'ignore rien des recherches esthétiques du moment.

Pendant ce temps se développe en Allemagne le

A l'approche de la fameuse exposition parisienne des Arts décoratifs de 1925, *L'Inhumaine* (1924) de Marcel L'Herbier célèbre les miracles de la modernité. Le générique réunit les noms de Paul Poiret, René Lalique, Jean Borlin, Pierre Mac Orlan et Darius Milhaud. Les décors sont dus au grand architecte Robert Mallet-Stevens, aux futurs cinéastes Alberto Cavalcanti et Claude Autant-Lara et à Fernand Léger qu'on voit (en bas, à gauche) dans son décor du laboratoire que reproduit l'affiche de Djo Bourgeois.

Situé à l'intersection de Sunset et Hollywood Boulevard, le décor babylonien d'*Intolérance* (page de gauche en haut, pendant son édification) atteignait une hauteur totale de 42 mètres. Il élevait à près de 30 mètres ses murailles au sommet desquelles circulaient des chariots attelés de chevaux.

mouvement qui marquera le plus profondément l'évolution du décor. Rejetant la recherche de tout réalisme, le cinéma expressionniste revendique l'artifice du décor comme expression d'une réalité irréductible à sa figuration objective. Le film manifeste en est *Le Cabinet du Dr Caligari* (Robert Wiene, 1919), qui établit les principes d'une représentation de l'espace libérée de la soumission aux apparences sensibles. Les films de Fritz Lang ou de Friedrich Murnau qui suivront feront la nécessaire synthèse entre le radicalisme du pur «caligarisme» et le souci d'en préserver l'esprit dans une version plus acceptable du grand public.

Réalisme et stylisations

L'influence de ces recherches expressionnistes sur le cinéma international est énorme et on en retrouvera la trace dans presque toutes les formes de stylisation expressive du décor qui n'ont cessé de se succéder sur l'écran et font de *Batman* (Tim Burton, 1989) l'héritier de *Caligari*.

La fin des années trente verra apparaître en France un autre courant qui accorde une importance privilégiée au décor. Etroitement associé au scénariste Jacques Prévert et au réalisateur Marcel Carné, le décorateur Alexandre Trauner contribue de façon essentielle au triomphe d'un réalisme poétique qui influencera lui aussi de nombreux cinéastes étrangers.

Surfaces ostensiblement peintes, zébrées de griffures abstraites, volumes disloqués aux arêtes obliques... Les décors créés par Hermann Warm, Walter Rohrig et Walter Reimann pour *Le Cabinet du Dr Caligari* choisissent d'interpréter le monde plutôt que d'en reproduire les apparences.

Quai des brumes (1938),

Hôtel du Nord (1938) ou *Le jour se lève* (1939) sont autant de décors édifiés en studio qui allient l'interprétation très personnelle de l'espace au souci du détail juste et à la minutie d'exécution offrant une paradoxale authenticité.

Si le néoréalisme italien puis les nouvelles vagues ont pu sembler récuser ce souci d'interpréter le réel, c'est moins par choix esthétique que par contrainte économique qui imposait le recours aux extérieurs réels. C'est d'une autre

« Le décor expressionniste ne se veut ni miroir ni reflet des personnages. Il est leur psychisme mis à plat. »
Barthélemy Amengual

démarche que relèvent des stylisations de décors aussi extrêmes que celles réalisées par Dante Ferretti pour Fellini dans *Et vogue le navire* (1983) ou par Bernard Evein pour Alain Cavalier dans *Thérèse* (1985). Revendiquant pleinement l'artifice de la mise en scène, la première vise à nier le pseudo-réalisme pour lui préférer l'affirmation de la création, jetant au spectateur le défi d'une mer de plastique éclairée par un soleil en carton. La seconde installe la distance recherchée entre le spectateur et l'action en figurant un décor sans portes ni fenêtres, sans murs ni véritable profondeur, où quelques rares accessoires suffisent à identifier l'essence d'un lieu qui n'est plus que pensée d'un espace.

Un interlocuteur privilégié du metteur en scène

L'engagement officiel du décorateur signifie souvent le vrai démarrage du film avec les premiers

« Il me semble que le studio est le lieu où l'image que l'on a vue en imagination peut être réalisée en contrôlant tout, exactement comme le fait un peintre sur une toile avec son pinceau. [...] Dans la mesure où l'expression cinématographique est vraiment un artifice, une fiction, il est normal que l'on ait tendance à réaliser tous les films en studio. Artifice et fiction y atteignent plus de précision, plus de vraisemblance, plus de fidélité à l'image fantastique que l'on a en soi. »

Federico Fellini

investissements coûteux dans des décors dont l'usage ne pourra, contrairement à celui du scénario, être ensuite retardé. Dès l'achèvement du scénario, un décorateur est contacté pour proposer un projet et chiffrer son devis d'exécution. Le projet, il l'élabore à partir de discussions avec le metteur en scène et le producteur, à partir aussi du dépouillement minutieux du scénario recensant tous les lieux de l'action et les durées de tournage à y prévoir. Le fruit de sa recherche est soumis au metteur en scène, souvent sous forme de maquettes «perspectives» peintes qui figurent en deux dimensions le décor proposé – d'autres décorateurs, plus rares, préféreront des maquettes «construites» tridimensionnelles, moins évocatrices mais plus précises dans l'organisation des espaces.

Il évalue parallèlement pour la production un devis des décors qui tient compte à la fois du coût des matériaux engagés et

Pour *Thérèse* (1985) d'Alain Cavalier, Bernard Evein imagine un décor d'un extrême dépouillement (ci-dessus), constitué d'un simple fond gris devant lequel seront disposés quelques accessoires. Inspiré des fonds des peintures de Vélasquez, de Manet ou de Vermeer, l'arrière-plan est un dégradé de gris, du plus clair au plus foncé, réalisé à petites touches par le peintre-décorateur François Marcepoil, sur une toile de 40 mètres de long sur 7 de haut. Tous les éléments sont livrés avant le début du tournage et, scène après scène, l'équipe de réalisation se base sur les maquettes peintes d'Evein (page de gauche, en haut) pour déterminer devant quelle portion de gris il convient de disposer les éléments du décor.

des équipes d'ouvriers nécessaires. Il estime également le temps indispensable à la réalisation des décors, qui conditionnera dans une large mesure le calendrier du tournage.

Décors construits ou décor naturel?

Depuis les années soixante, la possibilité de tourner en extérieurs réels plutôt qu'en studio s'est généralisée sous l'effet, principalement, de la plus grande légèreté des matériels de prise de vues, d'éclairage et d'enregistrement du son. D'autre part, certains réalisateurs – comme Eric Rohmer ou Jacques Demy, en France, et Michael Cimino, aux Etats-Unis – préfèrent au studio la liberté et l'authenticité qu'ils trouvent dans les extérieurs réels.

Les considérations qui guident le décorateur dans son choix sont pourtant généralement plus économiques qu'artistiques. D'un côté, il faudra payer la location des plateaux d'un studio pendant de longues semaines, y construire à grands frais les décors nécessaires, accepter d'être limité par les dimensions de plateaux, dont les plus grands dépassent rarement 50 mètres de longueur. De l'autre, le budget s'alourdira d'importants frais supplémentaires de voyage et d'hébergement, et la difficulté à trouver tout ce qu'on recherche au même endroit provoquera des pertes de temps en multipliant les sites de tournage.

Il est rare, en effet, qu'un décor naturel réponde exactement aux exigences du scénario. Faute de pouvoir trouver en Irlande deux demeures aristocratiques parfaitement adaptées aux besoins de *Barry Lyndon* (Stanley Kubrick, 1975), le décorateur Ken Adam a dû créer pour le film des architectures composites qui empruntent leurs éléments à une demi-douzaine de manoirs différents distants parfois

Une simple indication du scénario («Le doge de Venise offre des gondoles à Louis XIV») peut faire flamber l'imagination du décorateur. Pour *Molière* (1978) d'A. Mnouchkine, Guy-Claude François fait traverser les Alpes à des gondoles somptueusement décorées.

de plus de 100 kilomètres. Pour *L'homme qui voulut être roi* (John Huston, 1974), l'impossibilité de transporter toute une équipe de tournage dans le haut Pakistan amena le décorateur Alexandre Trauner à reconstituer Karachi à Marrakech et à combiner l'Atlas marocain avec les Alpes de Savoie pour évoquer les hauteurs montagneuses de l'Himalaya.

Cedric Gibbons supervise tous les décors de la M.G.M. de 1924 à 1956. Ci-dessus, celui de *Roméo et Juliette* (1936).

Alexandre Trauner n'hésite pas à combiner les villas palladiennes de Vicence avec les canaux vénitiens pour établir un nouvel espace, mieux adapté aux besoins de *Don Giovanni* (1978) de Joseph Losey : «Mon problème était d'associer à tous ces bâtiments qui se trouvent au milieu des villes […] une image qui les situe dans la nature, au bord de l'eau. La solution était de travailler sur des champs contrechamps; j'ai reconstruit l'escalier au bord d'un canal, avec un raccord des statues au premier plan.» La maquette (ci-contre, en haut) peinte par Alexandre Trauner montre comment il prévoit d'amener la gondole devant l'authentique villa du Palladio à Vicence (à gauche).

Le sculpteur Giulio Tomassy prépare avec Alexandre Trauner (coiffé d'une casquette) la statue du Commandeur (page suivante) qui s'animera dans le film devant le séducteur interprété par Ruggero Raimondi.

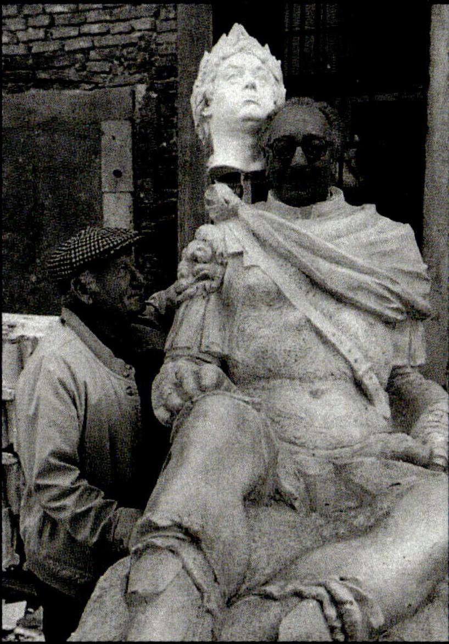

Réel, mais intemporel

Le plus souvent, le décorateur qui décide d'utiliser des extérieurs réels devra les aménager pour en effacer tout élément incompatible avec la logique spatio-temporelle du film. Il n'est rien d'aussi changeant qu'un paysage citadin où les affiches, les devantures, les aménagements de la chaussée, le mobilier urbain disent tous une réalité très précisément datée. Les astuces les plus simples permettront de dissimuler cette réalité intempestive derrière des palissades de chantier, de jeter de la paille ou de la terre sur la chaussée, de dissimuler une bouche à incendie derrière une charrette à bras ou un magasin trop moderne derrière une fausse façade. On peut aussi, comme pour *Tess* (1979) de Roman Polanski, câbler entièrement aux frais de la production tout un village breton pour en effacer les antennes de télévision et les lignes électriques ou téléphoniques qui l'empêcheraient de passer pour un hameau anglais du siècle dernier.

Il est certes plus facile et moins coûteux de tourner dans la véritable galerie des Glaces que de reconstituer le château de Versailles en studio. Les cinéastes doivent pourtant garder en mémoire qu'ils devront affronter dans ce cas les hordes de touristes qui leur disputeront la place, que surtout les contraintes seront innombrables pour limiter

Les effets spéciaux exigent des conditions qui permettent non seulement de les réaliser, mais aussi de les filmer. C'est dans le confort du studio que le décorateur Nicos Perakis reconstitue pour *The Voyager* (1991) de Volker Schlöndorff le fuselage d'un avion contraint à un atterrissage de fortune dans le désert du Mexique (ci-dessous).

les dangers que leur activité – la chaleur dégagée par les projecteurs par exemple – peut représenter pour le lieu. Le tournage en extérieurs réels n'est pas toujours plus commode ni moins coûteux qu'en studio.

Tourner en studio est souvent plus pratique

Les décors en studio présentent, quant à eux, des avantages multiples. Celui, d'abord, de pouvoir construire l'espace et de le modifier en fonction des besoins précis de la mise en scène; ceux, ensuite, d'en pouvoir contrôler aisément la lumière, d'y passer à volonté du jour à la nuit, d'y faire pour tout dire «la pluie et le beau temps». Si le scénario d'*Autour de minuit* (Bertrand Tavernier, 1985) situe l'essentiel de son action dans le Saint-Germain-des-Prés noctambule d'il y a trente ans et exige de surcroît qu'il y pleuve d'abondance, il est plus sage de recréer les rues dont on aura besoin en studio : on n'aura pas à y chasser les traces du monde d'aujourd'hui, on y contrôlera à volonté les intempéries et on ne sera pas

Polissage d'une surface anonyme (ci-dessus); cette activité participe néanmoins de la fabrication du décor de *La Guerre des étoiles*.

Situé en 1920 dans les champs de bataille de la Première Guerre mondiale, *La Vie et rien d'autre* (1989) s'inscrit, selon Bertrand Tavernier, «dans des lieux dont l'utilisation première est détournée. Dans un pays ravagé et sens dessus dessous, les bureaux sont dans un théâtre, l'hôtel est dans une usine» (en haut, à gauche). Le décorateur Guy-Claude François recourt à des usines désaffectées meublées de matériaux de récupération.

Devant la maison construite en Suède pour *Le Sacrifice* (Andrej Tarkovski, 1986, ci-dessus), la maquette réduite de la décoratrice Anna Asp.

gêné surtout par l'activité d'un des quartiers les plus animés de Paris ni par la curiosité de ses badauds. Le tournage sera largement facilité du fait que tous les décors seront édifiés à proximité les uns des autres. Les comédiens disposeront de loges confortables, la production et la décoration de véritables bureaux, et toute l'équipe d'une cantine. Enfin les salles de visionnement et de montage qu'on y trouve fréquemment favoriseront le regroupement de toute l'activité du film au même endroit.

Le recours au studio se révèle particulièrement justifié lorsque les décors exigés par l'action en rendent problématique la mise en scène. Plus les lieux sont petits, plus il est difficile d'y accommoder non seulement la caméra et les éclairages, mais aussi l'équipe indispensable au tournage. Qu'on imagine les difficultés rencontrées s'il fallait vraiment tourner une scène dramatique dans les toilettes d'un train quand il est si simple de louer les éléments originaux à la SNCF pour les désarticuler à sa guise. De même lorsque l'action se passe dans un petit pavillon de banlieue, ou dans une mansarde réputée accessible par un incommode escalier de service, plutôt que de

Les scènes impliquant des cascades périlleuses sont fréquemment tournées dans des décors qui en limitent les dangers. Pour un moment de *Frantic* (1987) où l'héroïne doit se trouver suspendue dans le vide au seul rebord d'une gouttière, le décorateur attitré de Roman Polanski, Pierre Guffroy, construit ce décor de toits dans un studio parisien. L'échelle disparaîtra au tournage et le panneau tenu en oblique devant elle figurera, pour la caméra, la façade de l'immeuble en face.

Dans les studios Paramount de Long Island, des charpentiers (à droite) édifient un décor de rue.

passer son temps à déménager le matériel et les techniciens d'une pièce à l'autre, plutôt que de tourner sans pouvoir disposer vraiment ni la caméra ni les éclairages, il est bien souvent préférable de reconstituer en studio les quelques mètres carrés qu'on filmera aisément grâce aux possibilités de déplacer les murs et cloisons qu'on se sera réservées et autour desquels le reste de l'équipe aura tout loisir de s'installer.

Des extérieurs transfigurés

Dans bien des cas, en fait, le décorateur adoptera une solution mixte, construisant en studio les intérieurs dont il recherchera les extérieurs dans la réalité. A moins qu'il ne fasse appel aux terrains d'extérieurs de plusieurs hectares qui jouxtent certains studios et permettent de bénéficier de tous leurs avantages sans être limité par les dimensions des plateaux fermés. Il aura tout loisir alors d'inventer des rues entières, et d'énormes édifices comme le monastère du *Nom*

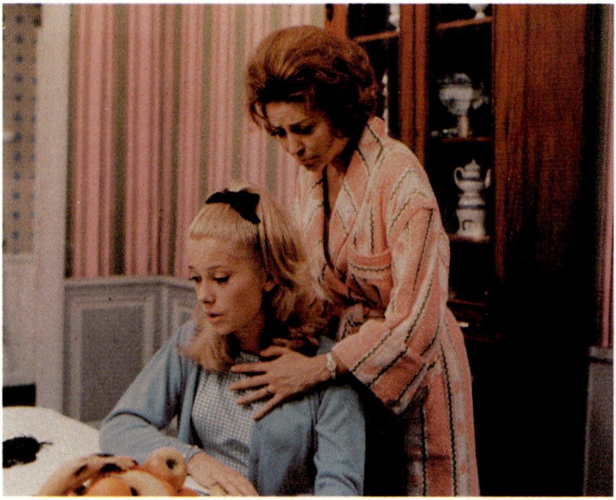

de la rose (Jean-Jacques Annaud, 1986) construit à Cinecittà par Dante Ferretti ou l'impressionnant «boulevard du Crime» édifié en pleine guerre aux studios de Nice pour *Les Enfants du paradis* de Marcel Carné (1945).

Reste le cas, plus rare encore, où le décorateur n'investit les extérieurs réels que pour les transformer radicalement, les interpréter en en recomposant la topographie, en en rebrossant les couleurs. C'est le cas par exemple de deux films de Jacques Demy : *Les Parapluies de Cherbourg* (1964) et *Les Demoiselles de Rochefort* (1967), entièrement tournés en extérieurs dans deux villes littéralement réinventées pour leurs besoins par le décorateur Bernard Evein. Contrairement aux idées reçues, le recours aux extérieurs réels n'est pas toujours non plus gage de vérité plus grande. Dès l'instant où il est choisi pour qu'y soit filmée une action, le plus authentique des sites devient décor.

Chef décorateur, ensemblier, accessoiristes

Le chef décorateur est un véritable chef d'entreprise. Il doit en effet diriger deux équipes : une équipe technique relativement réduite et une équipe de main-d'œuvre dont le volume varie avec l'importance et la complexité des décors à réaliser.

Bernard Evein et Jacqueline Moreau, créateurs des décors et des costumes de nombreux films de Jacques Demy, prêtent une attention toute particulière à la coordination des couleurs qu'ils lui proposent. Aux couleurs des tapisseries *des Parapluies de Cherbourg* (1964) répondent celles du peignoir d'Anne Vernon (à gauche) comme celles de la robe de Catherine Deneuve (à droite).

Quand Laurel et Hardy se transforment en insupportables garnements dans *Les Bons Petits Diables* (1930), le décorateur construit le mobilier proportionné à leur taille.

Catherine Deneuve et Françoise Dorléac se fondent dans le décor des *Demoiselles de Rochefort* (au centre).

Le coût des matières premières engagées dans le décor comme celui des nombreux ouvriers chargés de les agencer font peser sur lui de lourdes responsabilités financières.

Bras droit du décorateur, l'ensemblier recherche les meubles et les accessoires qui occuperont le décor en s'efforçant de satisfaire les désirs exprimés par le décorateur et ses maquettes. Il achète le moins possible et cherche à louer ce dont il a besoin pour la durée du tournage. S'il ne peut le trouver, ou si le scénario prévoit que le mobilier doit être abîmé dans le feu de l'action, il le fera exécuter spécialement.

Il est lui-même aidé du régisseur d'extérieurs. Celui-ci recherche les accessoires qui joueront un rôle dans l'action (briquets, valises, allumettes d'époque, armes, etc.) et doit être prêt à satisfaire aux demandes les plus saugrenues. L'accessoiriste de montage emmagasine les éléments retenus, les met en place et les retourne à leurs éventuels loueurs. Il assure le bon fonctionnement des raccordements d'eau, de gaz ou d'électricité lorsqu'ils sont nécessaires, et s'assure que l'eau qui remplira la baignoire de la vedette sera chaude. Il n'intervient donc qu'en dehors du tournage, contrairement à l'accessoiriste de plateau qui veille sur le mobilier pendant les prises de vues, remet tous les accessoires en place à la fin de chacune d'elles et exécute les trucages simples (pluie, brouillard, armes truquées, effets de sang) qui n'exigent pas l'intervention d'un spécialiste des effets spéciaux.

Peu soucieux de véracité historique, le décorateur de *Cléopâtre* (Joseph L. Mankiewicz, 1963) propose à Richard Burton une baignoire digne de l'extravagance décorative du film.

Assistants, chefs machinistes et ouvriers virtuoses

Les assistants décorateurs, eux, sont responsables du bon achèvement des décors que meublera l'ensemblier. Ce sont eux qui dessinent les plans d'exécution des décors à partir des maquettes, qui précisent les détails ignorés par les dessins d'ensemble, qui supervisent, dans les ateliers et sur les plateaux, leur construction, dégageant le chef décorateur des soucis subalternes pour lui permettre de se consacrer à la conception.

Tourné dans des conditions artisanales et avec un budget très réduit, *Winstanley* (1975), de Kevin Brownlow et Andrew Mollo, recourt aux procédés les plus élémentaires pour faire tomber la pluie sur ses paysans révoltés du XVIIe siècle. L'étalement du tournage sur une période de plusieurs années permit à l'équipe de filmer ses propres moissons.

Commando dans la Gironde (1956), de José Ferrer, est produit en Grande-Bretagne pour célébrer les exploits des *marines* britanniques durant la Deuxième Guerre mondiale. Le film culmine avec des scènes spectaculaires de destruction du port de Bordeaux. Elles sont réalisées en faisant appel à des maquettes très détaillées du port (ci-contre, en haut) dans lesquelles les artificiers contrôleront aisément les explosions et incendies nécessités par l'action. Le problème majeur de telles miniatures est celui de leur taille, qui doit être suffisante pour que flammes et mouvements d'eau soient crédibles en dépit de la différence d'échelle.

En relation constante avec la production, ils vérifient la progression des dépenses de matières premières par rapport aux prévisions du devis.

Sous leurs ordres, le chef machiniste contribue à cordonner la construction avant de devenir, au moment du tournage, le responsable de toutes les manipulations d'un décor dont on devrait pouvoir déplacer à volonté tous les éléments.

Le reste de l'équipe de main-d'œuvre est constitué d'ouvriers hautement spécialisés : menuisiers, serruriers, staffeurs, jardiniers, tapissiers, couturiers ou peintres qui exécutent dans tous ses détails le projet du chef décorateur. Particulièrement importants y sont le rôle du peintre patineur, qui emploie les recettes les plus inattendues pour donner au neuf l'aspect du vieux, et celui du peintre décorateur, capable aussi bien de peindre un faux marbre qu'un Picasso ou un Vermeer, un plâtre rongé par la moisissure qu'une porte en bois massif. Il lui revient de retoucher en couleurs les énormes découvertes photographiques en noir et blanc qui figurent en studio les paysages, urbains ou non, sur lesquels s'ouvrent portes et fenêtres, ou de réaliser les «cycloramas» de vastes dimensions qui en sont l'équivalent peint. Virtuose accompli du pinceau, le peintre décorateur doit savoir tout faire.

Depuis la fin des années trente, les «découvertes» peintes qui figurent les arrière-plans de décors sont le plus souvent remplacées par des découvertes photographiques, plus économiques. Le défilé du lord-maire de Londres filmé par Alfred Hitchcock dans *Agent secret* (1937) se déroule devant une gigantesque photographie de Westminster que l'angle de caméra fera coïncider avec les éléments construits de décors qu'on voit à gauche (ci-dessus). Collés sur des panneaux comme du papier peint, les agrandissements noir et blanc – ci-contre ceux des *Amants du Pont-Neuf* (1991) de Léos Carax – sont ensuite patinés par des peintres qui lui donneront les couleurs d'une vue à distance.

Dernière étape de la préparation du film, il faut encore aider les comédiens à endosser leurs personnages en complétant le projet plastique dans lequel ils devront s'intégrer. Il appartient au créateur des costumes, en respectant la vraisemblance historique et la cohérence visuelle du film, de proposer les vêtements qui satisferont les attentes du cinéaste en même temps que l'intérêt jamais démenti du public pour tout ce qui touche à la mode.

CHAPITRE V

COSTUMES ET MAQUILLAGE

Qu'ils le dévoilent (*Intervista*, 1987, à gauche) ou le dissimulent (*La Guerre des étoiles*, ci-contre), costumes et maquillages sont les masques derrière lesquels le comédien s'abrite pour mieux se révéler.

Cecil B. de Mille (ci-contre, à gauche avec la comédienne Pauline Garon et la créatrice de costumes Clare West) défraie la chronique, au début des années vingt, pour l'extravagance visuelle de ses films : «Je veux des vêtements qui laisseront le public bouche bée. Ne dessinez rien qui pourrait être acheté par n'importe qui dans une boutique.»

Les comédiens des premiers temps du cinéma fournissaient couramment eux-mêmes leur garde-robe, quitte à toucher des primes spéciales quand une bagarre ou un bain forcé risquait de mettre à mal leurs vêtements. Pour les films historiques, c'est aux réserves de costumes des compagnies théâtrales qu'on s'adressait, empruntant par exemple à celles de la Comédie-Française les pourpoints nécessaires à *L'Assassinat du duc de Guise* (1908).

Dans les années vingt apparaît chez les cinéastes une préoccupation nouvelle pour le costume qui donne à celui-ci toute la place qu'il mérite dans le processus de création. La consolidation des grandes compagnies permet la constitution dans les studios de riches réserves où l'on peut puiser en fonction des besoins.

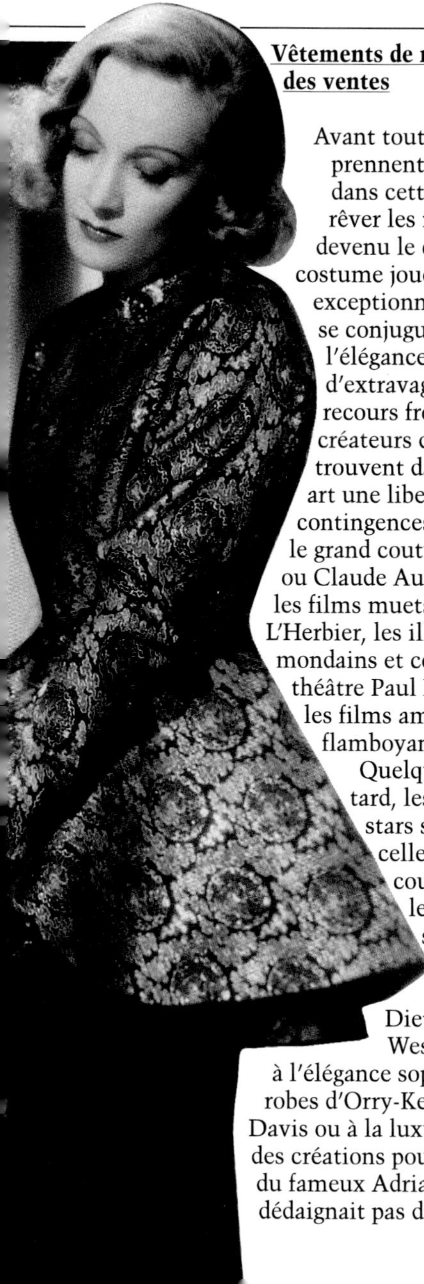

Vêtements de rêve, réalité des ventes

Avant tout, les producteurs prennent conscience que, dans cette machine à faire rêver les foules qu'est devenu le cinéma, le costume joue un rôle exceptionnel où peuvent se conjuguer aspiration à l'élégance et désir refoulé d'extravagance. D'où le recours fréquent à des créateurs de talent qui trouvent dans le septième art une liberté dégagée des contingences du monde réel : le grand couturier Paul Poiret ou Claude Autant-Lara pour les films muets de Marcel L'Herbier, les illustrateurs mondains et costumiers de théâtre Paul Iribe ou Erté pour les films américains les plus flamboyants de la période. Quelques années plus tard, les rivalités des stars seront également celles de leurs couturiers attitrés, les délires somptueux de Travis Banton pour Marlene Dietrich ou Mae West s'opposant à l'élégance sophistiquée des robes d'Orry-Kelly pour Bette Davis ou à la luxueuse sobriété des créations pour Greta Garbo du fameux Adrian, qui ne dédaignait pas de dessiner aussi

Travis Banton (à gauche, en discussion avec Marlene Dietrich) vient d'avoir trente ans lorsqu'il est engagé, en 1924, à Hollywood. Il y a déjà acquis une notoriété certaine grâce à sa création, quatre ans plus tôt, de la robe de mariage de Mary Pickford; mais la haute couture parisienne jouit encore d'un tel prestige que les publicitaires du studio Paramount croiront nécessaire d'insister sur une fictive expérience qu'il aurait acquise en France. Ses quatorze années de créateur de costumes au service de Paramount font de lui un artisan essentiel de l'image de stars réputées pour leur élégance, comme Pola Negri, Clara Bow, Carole Lombard ou Mae West. Claudette Colbert lui est si attachée qu'elle exige qu'il dessine encore ses robes même lorsque Paramount loue ses services à Universal, Selznick ou Warner. Quant à Marlene Dietrich, dont il a créé les plus mémorables costumes, elle salue en lui l'indispensable complice de son Pygmalion, Josef von Sternberg. Travis Banton ouvrira en 1938 sa propre maison de couture, sans cesser pour autant de travailler épisodiquement pour Hollywood.

les suaires raffinés des victimes de Dracula dans *La Marque du vampire* (Tod Browning, 1935). Pour mesurer l'impact de leurs créations sur le public, il suffit de rappeler le nombre de copies vendues par le grand magasin new-yorkais Macys de la robe créée en 1932 par Adrian pour *Captive* (1932) de Clarence Brown : plus de 500 000 exemplaires, qui ont permis à toutes les petites dactylos d'Amérique de se prendre pour Joan Crawford. Opération encouragée par le studio qui avait tout avantage à ce que des copies exactes des costumes de ses vedettes soient en vente au moment même de la sortie du film. Il n'en ira pas autrement lorsque, plus près de nous, *Bonnie and Clyde* (Arthur Penn, 1967), *Gatsby le Magnifique* (Jack Clayton, 1973), *L'Arnaque* (George Roy Hill, 1973) ou *Borsalino* (Jacques Deray, 1970) serviront à leur tour à lancer de nouvelles tendances de la mode clairement inspirées des années trente.

Création et haute couture

Il n'était pas rare, aux plus beaux jours des grandes compagnies de production, que des centaines de costumes soient créés spécifiquement pour les besoins d'un seul film. Une robe du XVIIIe siècle représente plusieurs centaines d'heures de travail. Ainsi la M.G.M. s'est-elle vantée, pour la version de *Marie-Antoinette* réalisée en 1938 par W. S. Van Dyke, d'avoir dû faire venir cinquante couturières spécialisées du Mexique pour coudre les millions de paillettes et réaliser les dentelles délicates employées sur une bonne part des deux mille cinq cents costumes du film. Les grandes productions historiques étaient, à l'époque, plus nombreuses

Comme beaucoup de grands couturiers, Hubert de Givenchy reçoit généralement les commandes des toilettes de la vedette d'un film, le reste des costumes étant confié à un professionnel du cinéma. La fidélité d'Audrey Hepburn (à gauche dans une de ses robes dessinées pour *Drôle de frimousse*, Stanley Donen, 1957) lui a valu de collaborer à la majeure partie de ses films. Mais il a aussi habillé Juliette Gréco ou Elizabeth Taylor.

Qu'il s'agisse des créations de Theodora von Runkle pour *Bonnie and Clyde* (1967, ci-contre), de celles de Jacques Fonteray pour *Borsalino* (1970, en-dessous) ou de celles d'Adrian pour *Marie-Antoinette* (1938, ci-dessous), les costumes historiques sont toujours une interprétation d'une époque par une autre. Les coiffures de Faye Dunaway et de Warren Beatty doivent plus à la liberté indisciplinée des années soixante qu'aux années trente qu'elles sont censées évoquer et qui influencent bien plus la perruque de Norma Shearer (ci-dessous).

qu'aujourd'hui et les costumes ainsi créés se rentabilisaient à terme en entrant dans les réserves du studio ou dans celles d'un loueur professionnel.

Il fut et demeure fréquent que, spécialement pour leurs rôles contemporains, les plus grandes vedettes exigent d'être habillées par un couturier qu'elles affectionnent : Arletty aimait être fidèle à Elsa Schiaparelli, comme Audrey

Hepburn à Hubert de Givenchy ou Jeanne Moreau à Pierre Cardin. Les maisons de haute couture ne voient d'ailleurs qu'avantage à prêter le concours de leurs créations à des films qui leur servent de vitrine permanente d'exposition. Elles nourrissent en retour l'éternel besoin qu'a le cinéma de nouveauté et de rêve. Cette relation du cinéma à la mode suppose une réelle complicité, afin que les toilettes, conçues de longs mois avant la sortie d'un film, soient capables d'entraîner l'effet de mode lorsque celui-ci sera montré sur les écrans, et que l'industrie du vêtement soit prête, elle, à répondre alors à la demande suscitée par le film dans le public.

Responsable, de 1942 à 1949, du département costumes de la M.G.M., Irene (ci-dessous, à gauche) réussit à convaincre Louis B. Mayer de la laisser partager son temps entre cette tâche et la direction d'un réseau de vingt-cinq boutiques habilitées à diffuser ses créations.

Le créateur de costumes

Le temps n'est plus de ces professionnels payés à l'année pour régner sur des dizaines d'assistants, d'habilleuses et de couturières et satisfaire aux besoins d'une production boulimique en préparant plusieurs films à la fois. Le créateur de costumes, aujourd'hui, est engagé pour un projet spécifique auquel il se consacre exclusivement durant plusieurs mois avant de passer au suivant.

Comme le décorateur, il est parmi les tout premiers techniciens engagés puisqu'il lui faut livrer le résultat de son travail avant même le démarrage du tournage proprement dit. Comme le décorateur aussi, sa première tâche est de passer au crible le scénario afin de tout

savoir des costumes qu'il exige. Il lui faut pour cela prendre en compte non seulement la période dans laquelle le film est situé, mais encore la tonalité du projet – on n'habille pas les rois ni leurs mousquetaires de la même façon pour une comédie, pour un film d'aventures ou pour une tragédie – et les comédiens qui porteront les costumes, s'ils sont déjà choisis. Il lui faut aussi décider quels costumes devront être prévus en deux, voire trois exemplaires pour ne pas retarder le tournage le temps de les remettre en état si, par exemple, comme Gregory Peck dans *La Femme modèle* (Vincente Minnelli, 1957), le comédien doit recevoir une assiette de raviolis sur les genoux. Déterminer lesquels doivent être conçus de telle sorte qu'on puisse les endommager sans regrets lorsque l'action l'exige, combien de costumes seront nécessaires pour une scène de foule en marche,

Les maquettes dessinées par le créateur des costumes seront interprétées en patrons avant d'être exécutées par des ateliers spécialisés. Des échantillons du daim fin qui devra être utilisé sont agrafés à l'une des esquisses de Jacqueline Moreau pour *La Fille de D'Artagnan* (1994).

combien d'uniformes identiques pour un régiment disparu depuis des siècles.

La costumière et la longue carrière des habits de location

Une fois ce dépouillement établi, il faut encore décider quels costumes doivent être trouvés chez les loueurs professionnels et lesquels devront être créés spécialement pour le film. De nos jours, les créateurs de costumes doivent le plus souvent se contenter de faire exécuter par des ateliers de couture spécialisés les seuls costumes des comédiens principaux.

Les autres sont recherchés par la costumière, à partir souvent de leurs croquis préalablement approuvés par le metteur en scène. Elle s'adresse pour ce faire aux quelques entreprises (guère plus d'une douzaine en Europe) dans les stocks desquelles sont conservés des dizaines de milliers de costumes. Hérités des productions antérieures du théâtre ou du cinéma, ils y poursuivent une carrière anonyme et se voient modifiés, adaptés, pour satisfaire aux besoins d'une demande nouvelle. Chez ces

mêmes loueurs sont trouvés les accessoires indispensables : gants, chapeaux, chaussures, boutons ou dentelles, mais aussi joaillerie en toc, casques et cuirasses ou armes innombrables.

C'est encore la costumière qui gérera durant tout le tournage les costumes, s'assurera qu'ils sont nettoyés et prêts à tourner, les «patinera» s'il convient de leur donner une usure artificielle et dirigera les habilleurs et habilleuses chargés de préparer les comédiens et figurants, avant de remettre les costumes en état pour les retourner chez les loueurs.

Maquillages

Tout comme avec les professionnels de la mode, une nette complicité existe entre les fabricants de cosmétiques et les maquilleurs de cinéma qui, lorsque leur travail ne relève pas d'effets spéciaux hautement spécialisés, œuvrent en collaboration très étroite avec le créateur de costumes. Pendant longtemps, les exigences de la photographie de cinéma ont imposé le recours à des produits de maquillage spécialement adaptés que la firme hollywoodienne Max Factor a commercialisés avec un immense succès auprès de toutes les femmes qui rêvaient de ressembler à leurs vedettes favorites. Plus près de nous, l'un des géants mondiaux des produits de beauté, le Japonais Shiseido, a investi plusieurs millions

Avec la disparition des grandes compagnies, leurs réserves de costumes sont vendues à l'encan ou (à gauche) proposées à la curiosité de tous les amateurs. Faire interpréter par des enfants une parodie de film de gangsters, comme Alan Parker le fait dans *Bugsy Malone* (1976), signifie aussi créer de toutes pièces une garde-robe impossible à trouver dans les tailles des jeunes comédiens. La bataille de tartes à la crème qui tient lieu de fusillade finale complique encore les choses pour la responsable des costumes, Monica Howe, en lui imposant d'en faire systématiquement réaliser plusieurs exemplaires.

de dollars dans la production d'un film international à grand spectacle, *Lady Oscar* (Jacques Demy, 1978), qui servirait à la promotion de ses lignes de produits.

Les grands maquilleurs ont toujours su mettre en valeur les traits des comédiens, en accentuer les charmes, en gommer les imperfections. Il ne s'agit là que d'un maquillage de ville adapté aux contraintes propres du cinéma. Le rôle du maquilleur est tout autre lorsque Jean Cocteau demande à Hagop Arakelian de transformer Jean Marais en monstre pathétique dans *La Belle et La Bête* (1946) ou lorsque Dick Smith vieillit Dustin Hoffman de près de quatre-vingt-dix ans pour les besoins de *Little Big Man* (Arthur Penn, 1970). Cette spécificité de la fonction du maquilleur d'effets spéciaux n'existait guère lorsque Jack Pierce réalisait aussi bien les maquillages de Boris Karloff en monstre de Frankenstein ou en momie que ceux de Mae West dans *Mon petit poussin chéri* (Eddie Cline, 1940) ou de Marlene Dietrich dans *La Maison des sept péchés* (Tay Garnett, 1943). Elle s'est imposée ces dernières années avec le réalisme toujours plus poussé exigé par le public des films d'horreur et le développement de

Percy Westmore (page de droite, en bas, en compagnie de Joan Blondell) dirige pendant près de trente ans le département Maquillage de la compagnie Warner Bros. Wally Westmore en fera autant à la Paramount, Bud Westmore à Universal. Trois autres frères Westmore – Mont, Ern et Franck – travailleront encore dans d'autres studios. Cette étonnante dynastie – leur père coiffait Mary Pickford dans les années dix – tentera même un temps de rivaliser avec le plus célèbre fabricant de cosmétiques pour le cinéma, Max Factor (ci-dessous, en 1926, avec Renée Adorée).

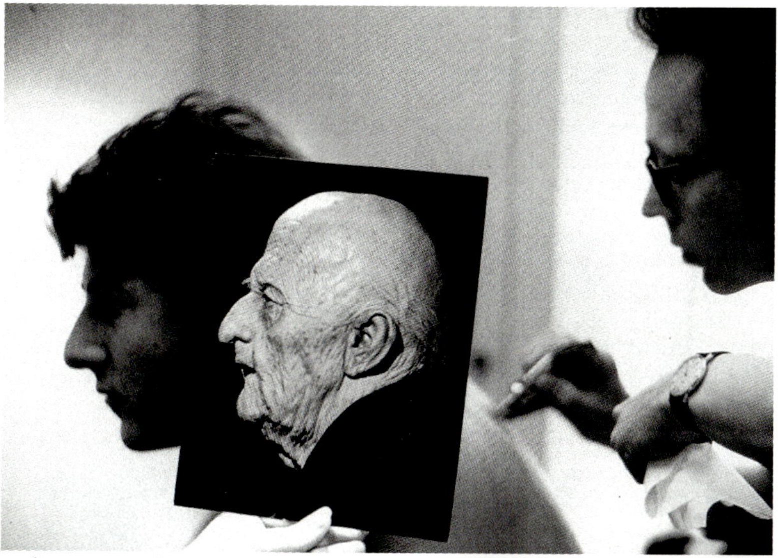

techniques sophistiquées qui font appel aussi bien à l'ingénierie et aux effets spéciaux numériques qu'aux prothèses et aux cosmétiques familiers des maquilleurs traditionnels.

Retrouver le passé

Parfois les artisans spécialisés doivent répondre à des exigences singulières : l'exemple est resté célèbre des bottes

Les effets spéciaux de maquillage ont radicalement évolué à la fin des années soixante avec l'apparition de nouvelles techniques de masques en latex qui permet de recomposer les visages. Les emplois les plus spectaculaires en sont proposés dans *La Planète des singes* (Franklin J. Schaffner, 1968) et *Little Big Man* (1970, ci-dessus).

réalisées dans un cuir particulièrement fin pour donner à Marlon Brando, dans *Désirée* (1954), la fameuse petitesse de pieds de Napoléon. Pour cette luxueuse production réalisée par Henry Koster, les deux principaux créateurs de costumes de 20th Century-Fox, Charles Le Maire et le Français René Hubert, s'appuient sur l'imposante documentation rassemblée dans les archives du studio, ainsi que sur

Marlon Brando «ressemble plus à l'Empereur que l'Empereur lui-même». Moulés d'après des originaux, les boutons de *Désirée* (1954) ne suffiront pas à assurer l'authenticité du film.

les tableaux et gravures de l'époque, pour recréer de façon crédible la mode du Directoire. Mais ce souci d'authenticité ne les empêche pas de s'écarter résolument de leurs modèles pour ramener, par exemple, la taille très haute de la période à une position plus conforme au goût des années cinquante, dans l'évident souci de ne pas désorienter le public et de présenter les vedettes féminines à leur meilleur avantage.

Le costume de cinéma, en effet, et plus encore les coiffures et le maquillage, résultent dans presque tous les cas d'un compromis entre la documentation historique et un ensemble de contraintes qui tiennent aussi bien à la mode contemporaine du film qu'à l'évolution des mœurs. Les femmes des cavernes, dans les années trente, seront ainsi affublées de robes de peau impeccablement ajustées, alors que Raquel Welch, trente ans plus tard, préférera un bikini de fourrure éloquemment révélateur aux minijupes bien dans l'esprit des années soixante de ses compagnes d'*Un million d'années avant J.-C.* (Don Chaffey, 1966). Au début des années quatre-vingt, *La Guerre du feu* (1981) de Jean-Jacques Annaud pourra se permettre d'approcher un plus grand degré de vraisemblance en dévoilant des nudités encore inconcevables quelques années plus tôt.

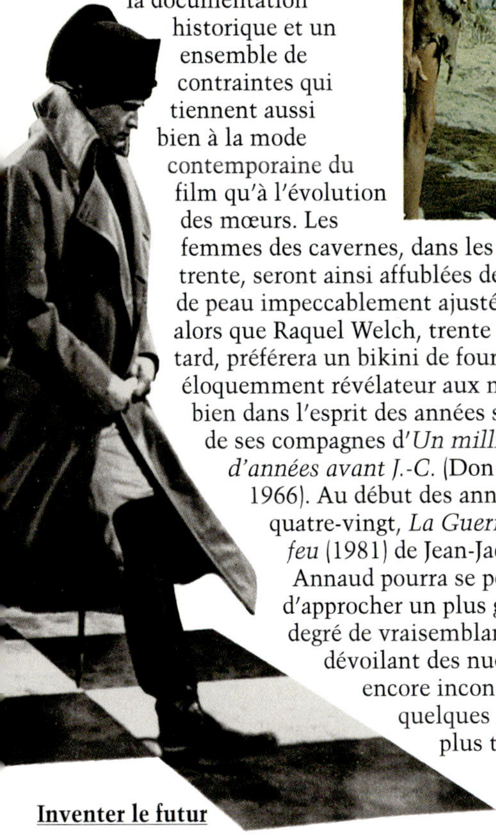

En l'absence de toute image vérifiée de nos ancêtres préhistoriques, l'imagination a beau jeu de fabriquer ses fantasmes, conformes à l'air du temps. Raquel Welch dans *Un million d'années avant J.-C.* (ci-dessus) est la brune alternative à l'Ursula Andress de *James Bond contre Dr No* (Terence Young, 1962). Quinze ans plus tard, les quasi anonymes interprètes de *La Guerre du feu* osent dire une époque où la peinture sacrée était le seul vêtement.

Inventer le futur

On retrouve inévitablement les mêmes compromis quand les créateurs de costumes doivent imaginer la garde-robe du futur pour des films de science-fiction. Leur inspiration va alors puiser dans des exotismes

lointains : l'antiquité gréco-romaine au premier chef, qui nourrit le classique *La Vie future* (William C. Menzies, 1936) comme *La Planète interdite* (Fred McLeod Wilcox, 1956) ou *L'Age de cristal* (Michael Anderson, 1976); mais aussi le Japon médiéval évoqué par les guerriers de *La Guerre des étoiles* ou les délires orientaux de *Flash Gordon* (Michael Hodges, 1980).

La réalité, ils le savent bien, dépassera toujours leur fiction et les développements de la conquête de l'espace ne cessent de donner tort à leurs anticipations les mieux documentées. Les scaphandriers maladroits de *La Femme sur la lune* (1929) de Fritz Lang prêtent maintenant à rire; il n'est pas besoin d'attendre le XXIe siècle pour deviner que la légèreté et les vives couleurs des combinaisons de vol proposées par

Directement inspirés des équipements de la NASA, les costumes spatiaux de *2001, l'odyssée de l'espace* (1968) contribuent à colorer d'une tonalité presque documentaire l'œuvre visionnaire de Stanley Kubrick. Il avait engagé des conseillers du programme spatial américain pour être sûr de l'authenticité de son film. «En faisant *2001*, note Jeremy Berstein, il tente, à sa façon, de deviner le futur.»

Sorti, en 1967, d'une bande dessinée pour adultes de Jean-Claude Forest, le personnage de *Barbarella* permet à Roger Vadim de mettre en scène sa récente épouse, Jane Fonda (ici avec John-Philip Law), dans un séduisant compromis d'exotisme interstellaire et d'érotisme. «Trente des plus jolies femmes du monde, [...] affirme la publicité du film. Les vêtements qu'elle portent – pour celles que Vadim n'a pas voulues nues – sont "Sexydélic" : des collants couleur chair, des cache-sexe métalliques, poitrines enfermées dans des moules transparents aux couleurs les plus folles.» Les costumes créés pour l'actrice américaine par Jacques Fonterey (formes moulantes, matières synthétiques) s'inspirent pourtant clairement des modèles alors à la mode d'André Courrèges.

l'œuvre majeure du genre, *2001 : l'odyssée de l'espace* (1968) de Stanley Kubrick, ne sont pas près de trouver leur équivalent dans la réalité. Autant donc inventer, aussi librement qu'on le veut, et renoncer à entraver à l'excès un imaginaire qui reste après tout, dans les costumes comme ailleurs, la matière même du film.

Les décors sont prêts, les acteurs habillés, coiffés et maquillés. Autour du metteur en scène se rassemblent enfin tous ceux qui vont contribuer à transformer en sons et en images ce scénario qui n'était jusque-là que promesse d'une œuvre à venir. Le temps est venu d'en filmer les premières scènes qu'attend déjà le monteur pour leur donner leur forme finale. Le silence se fait. Un voyant rouge s'allume sur la caméra. On tourne!

TÉMOIGNAGES ET DOCUMENTS

«J'admets tout à fait que les metteurs en scène aient des idées artistiques, mais il est nécessaire qu'ils aient la possibilité de travailler comme des artisans.»

Yasujiro Ozu

Ecrire le scénario

Une idée de film n'est que le tremplin à partir duquel devra s'élancer l'imagination du scénariste. Il reste à en dessiner la ligne de force, à en articuler la progression dramatique, à la nourrir des mille détails et des dialogues qui feront croire aux situations et aux personnages. Long travail de gestation auquel manquent rarement d'être associés ceux qui détiennent le pouvoir de transformer ensuite ce scénario en film.

A l'assaut de «Moby Dick»

Exilé en Irlande pour y rédiger le scénario du Moby Dick *de John Huston, Ray Bradbury désespérait de sa tâche quand l'inspiration le submerge soudain.*

Sept heures du matin.

Je m'éveillai et regardai le plafond comme s'il était sur le point de s'abattre sur moi dans sa grande blancheur de chair, œil au regard fixe et fou, ventre de flétan. […] Je m'assis précipitamment, posai les pieds par terre et, une fois debout, j'allai me planter devant le miroir au-dessus de ma machine à écrire en annonçant : «Herman Melville, c'est moi!»

Sur quoi je m'assis, sans quitter des yeux mon reflet dans la glace, histoire de fixer dans ma mémoire cet autoportrait, puis je me mis à dactylographier, la plupart du temps sans regarder mes doigts, acharné à maintenir en forme et en place un jeune homme qui, à la fin de la nuit, serait devenu vieux, car je ne voulais pas le laisser s'échapper.

Pénétré de cette conviction, je ne quittai plus mon clavier et passai sept heures d'affilée à écrire et récrire le dernier tiers du scénario, plus certaines parties du deuxième. […] Jusqu'à ce jour, durant toutes ces années, jamais je n'avais écrit si longtemps et avec une telle véhémence; et cela ne devait plus se reproduire. Si je n'étais pas Herman Melville, j'étais au moins, disons, sa planchette de oui-ja; et cette planchette, il l'actionnait en personne. Ou alors, c'était sa puissance littéraire qui, comprimée pendant tous ces mois, jaillissait de mes doigts comme si j'avais tourné un robinet. Je marmonnai, marmottai, gémis et vociférai toute la matinée, tout le début de l'après-midi, et jusqu'à l'heure habituelle de ma sieste. Pourtant je ne ressentis aucune fatigue, rien que la fièvre obstinée, inaltérable, allègre et triomphante qui me poussait à enfoncer sans relâche les touches de la machine tandis que les feuillets s'éparpillaient sur le sol – Achab pleurant la destruction par-dessus mon épaule droite, Melville célébrant la construction par-dessus la gauche.

Enfin les métaphores tombaient en place, se rencontraient, entraient en contact et fusionnaient. Les toutes petites avec les moyennes, les moyennes avec les grandes et les grandes avec les gigantesques. Les épisodes séparés par des scènes et des pages se réorganisaient ; tel un assortiment de tasses chinoises, ils se ramassaient sur eux-mêmes, puis se dilataient pour augmenter leur capacité, absorber davantage d'eau ou, dans ce cas, de vin tiré des caves de Melville. Çà et là j'empruntais à la fin du livre des paragraphes ou des chapitres entiers pour les recaser au début, quand je ne prenais pas des scènes au milieu, dans le deuxième ou le troisième quart, pour aller servir de chute à d'autres scènes de plus grande ampleur.

Ce qui enfonça le clou, si je puis dire, ce fut la scène du doublon rivé au mât. Si je ne m'étais pas « fixé » là-dessus pour commencer, les autres métaphores (comme celle des poissons pilotes, des flétans, des requins et de leur cortège) n'auraient peut-être pas fait surface pour venir nager dans le sillage laiteux de la Baleine. Capturez d'abord les grandes métaphores, le reste suivra. Négligez les sardines quand s'annonce Léviathan. Il les attirera par milliards lorsqu'il sera à vous.

Donc, si petit qu'il puisse paraître, le doublon est un symbole de grande envergure. Il incarne ce à quoi aspirent les marins, mais aussi ce que, dans sa démence, le capitaine Achab désire par-dessus tout : l'âme des hommes. Et si la sienne est entièrement vouée à la destruction de Moby Dick, il a la délirante sagesse de donner au doublon d'or valeur de sommation et de rétribution. D'où le maillet, le clou planté, et ce symbole solaire de puissance et de récompense promise qu'on cloue à grands coups sur le mât, avec l'assurance que l'or coulera des blessures de Moby Dick pour tomber tout droit dans les mains tendues des marins. La ferveur religieuse que leur inspire l'or travaillé a son pendant caché dans la ferveur, tout aussi religieuse, que montre Achab à l'égard des vraies plaies et du sang de la Bête.

Ces hommes l'ignorent, mais le maillet enfonçant à grand bruit le clou dans la pièce d'or est aussi celui qui rive le couvercle de leur cercueil marin.

Lorsque Achab s'écrie que le premier à apercevoir la Baleine emportera le doublon, un homme se précipite à son poste.

Pour tomber aussitôt à la mer. […]

L'homme n'a pas plus tôt sombré que les vagues s'apaisent et que les voiles s'affalent telle la peau d'un éléphant qui meurt. Le navire est cloué à la mer brûlante comme le doublon espagnol à jamais rivé au mât.

Durant l'accalmie, les hommes commencent à décliner puis à mourir. Ils sont exténués par l'attente; sur le mât, le soleil fait pièce d'or les accable; le moral de l'équipage se délite.

Pendant cette interminable période

d'inaction, qui dure plusieurs jours, Queequeg jette les ossements qui lui annoncent sa mort prochaine et va se faire confectionner un cercueil. [...]

Queequeg dit adieu à son ami et se met lui-même en état de transe mortelle. Comment le sauver? Comment le tirer de sa terrible catatonie?

Melville ne propose pas de solution.

Figé, condamné par sa propre volonté secrète, Queequeg se relève tout à coup et se remet à vivre.

Une seule chose, pour moi était susceptible de rompre le charme. L'amour. Ou l'amitié, cette chose si ordinaire. Voyant Ishmaël menacé de mort, Queequeg ne surgirait-il pas des profondeurs de sa cachette intime, éveillé par le soupçon du meurtre à venir? C'était une solution forte, donc pertinente. Que les membres de l'équipage menacent donc notre Queequeg mourant. Ishmaël s'interpose en voyant un marin dessiner à la pointe du couteau un nouveau tatouage dans la chair impassible de Queequeg; il démontre ainsi son amour, son amitié pour lui. Là, le marin se retourne contre Ishmaël et veut lui trancher la gorge. A ce moment-là, n'est-il pas raisonnable de croire que Queequeg, ayant secrètement vu Ishmaël lui marquer son amitié une minute plus tôt, puisse s'arracher à sa transe suicidaire pour se jeter entre l'assassin et son compagnon de chambrée? La réponse ne peut être qu'un Oui retentissant.

Queequeg empoigne le marin pour le coucher en travers de son genou et l'occire sur-le-champ; et là, n'est-ce pas le moment rêvé pour qu'apparaisse enfin... Ciel! Mais oui, enfin...! La Baleine blanche?...

Là encore, la réponse est oui.

On aperçoit donc la Baleine, on signale sa présence à grands cris. Moby Dick montre son dos au ras des vagues,

Achab approche en faisant sonner les planches du pont sous son pilon, et les hommes s'assemblent contre le bastingage afin de contempler l'énorme merveille immaculée ; en cet instant de délivrance, comment Queequeg pourrait-il retourner au cercueil qu'il a cloué de sa propre main? Car le capitaine Achab crie à ses hommes de ramer, ramer, ramer encore pour sortir à tout prix de ce silence, cette immobilité, cette maudite bonace.

On en sort donc à la force des bras, pourchassant Moby Dick, et c'est pour trouver le vent!

Ah, le beau vent!

Et moi aussi, en un seul jour et à la force des bras, je m'en étais sorti. [...]

Achab ose sortir de l'accalmie à la rame.

Donc, le typhon arrive pour le punir de ce péché !

Et avec le typhon, la destruction certaine du navire, les feux de Saint-Elme qui embrasent les mâts et le harpon d'Achab. […]

Achab défie les éléments et fait glisser son poing le long du harpon en clamant : « Voyez comme j'éteins le feu ! »

Sur quoi les feux de Saint-Elme sont noyés et la tempête cesse.

Et le décor est planté pour l'ultime mise à la mer, celle des chaloupes qui traqueront Moby Dick. […]

Tout cela pour, six ou sept heures plus tard, m'effondrer dans mon fauteuil, le visage enfoui dans les mains ; me sentant observé, je rouvris les yeux et vis là ce vieil Herman, fidèle au poste mais vidé de ses forces, spectre de plus en plus évanescent. Alors j'appelai John [Huston] et je lui demandai si je pouvais venir.

Ray Bradbury,
La Baleine de Dublin,
traduit de l'anglais par Hélène Collon,
Denoël, Paris, 1993

Un grand romancier fait-il un bon scénariste?

L'écrivain Christopher Isherwood exorcise sa difficulté à se mouler dans les canons hollywoodiens en tirant de son expérience de scénariste la matière d'un roman.

J'avais toujours eu, de moi-même en tant qu'écrivain, une excellente opinion. Mais durant les premiers jours passés avec Bergmann, cette estime baissa dans des proportions considérables. Je m'étais flatté d'avoir de l'imagination, d'inventer des dialogues, de camper des personnages. J'avais cru pouvoir décrire presque n'importe quoi, tout comme un dessinateur compétent peut vous représenter la face d'un vieillard, ou bien une table, ou bien encore un arbre. Je m'étais trompé, semblait-il.

L'action se déroule au début du XXe siècle, un peu avant la guerre de 14. Chaude soirée de printemps, au Prater de Vienne. […]

Une jeune fille appelée Toni vend des violettes. Chacun la connaît ; elle a pour chacun une parole aimable. […]

Puis, tandis qu'elle descend les allées, son panier au bras, le cœur libre et léger, elle se trouve face à face avec un beau garçon vêtu comme un étudiant. Il lui dit s'appeler Rudolf, ce qui est la vérité. Mais il n'est pas ce qu'il paraît. Il est en réalité le prince héritier de Borodanie.

Tout cela, j'étais censé le décrire.

– Ne vous inquiétez pas des prises de vues, m'avait dit Bergmann. Contentez-vous de faire du dialogue. De créer l'atmosphère. De donner à la caméra quelque chose à écouter, quelque chose à regarder.

Mais je ne pouvais pas. Je ne pouvais pas. J'aurais presque pleuré d'impuissance. Voyons, c'était pourtant bien simple! Prenons le père de Toni, par exemple. Il est gros, de joyeuse humeur, et possède une échoppe où il vend des *Wiener Wuerstchen*. Il parle à ses clients. Il parle à Toni. Toni parle aux clients. Les clients répondent. Tout cela très gai, drôle et charmant. Oui, mais que diable peuvent-ils bien se dire, en fait ?

Je n'en savais rien. J'étais incapable de l'écrire. La vérité m'apparaissait, brutale : je ne savais pas dessiner une table. J'essayai de me réfugier dans mon amour-propre. Après tout, il s'agissait là d'une besogne cinématographique, alimentaire. Un genre essentiellement faux, facile et vulgaire. […]

A d'autres. Je ne croyais point vraiment à ma théorie. Etre en mesure de faire parler des gens n'a rien de vulgaire. Un vieil homme qui vend des saucisses n'est pas vulgaire, sinon dans le sens originel du mot : «Qui fait partie des gens du peuple». Shakespeare aurait su, lui, comment s'exprimait ce vieil homme. Tolstoï l'aurait su. Moi je l'ignorais car en dépit de mon socialisme de salon je n'étais qu'un snob. Je ne savais faire parler personne, excepté les élèves des grandes écoles et la bohème neurasthénique.

Dans mon désespoir, je me rejetai sur le souvenir d'autres films. Je tentai d'être élégant, facétieux. Je fis des plaisanteries compliquées, verbeuses. Je rédigeai une page entière de dialogue, qui n'aboutissait nulle part et ne parvenait qu'à établir le fait qu'un personnage secondaire anonyme avait une liaison avec la femme de quelqu'un d'autre. En ce qui concernait Rudolf, le prince incognito, il s'exprimait comme le plus bas commun dénominateur de toutes les plus mauvaises opérettes qu'il m'eût jamais été donné de voir. C'est à peine si j'osais montrer mes lamentables tentatives à Bergmann.

Il les parcourut le sourcil froncé, en poussant un grognement bref et profond mais il ne parut ni consterné ni surpris.

– Laissez-moi vous dire une chose, mon cher maître, commença-t-il en laissant choir, avec délicatesse, mon manuscrit dans la corbeille à papier. Un film est une symphonie. Chacun des mouvements doit être composé dans un ton déterminé. Il faut choisir une certaine note et la faire entendre immédiatement. Elle est caractéristique de l'ensemble. Elle force l'attention.

Assis tout près de moi, ne s'arrêtant qu'afin de tirer de longues bouffées de sa cigarette, il entreprit de décrire la séquence d'exposition. Ce fut stupéfiant. Tout se mit à vivre. Dans la brise du soir, les arbres commencèrent à frémir; la musique devint imperceptible; les manèges furent mis en marche. Et les gens parlèrent. Bergmann improvisa leur conversation, partie en allemand, partie en un anglais grotesque; et ce fut coloré, vrai. […] Bergmann me tapota l'épaule.

– Pas mal, hein?

– Prodigieux! Vite, que je le note avant d'oublier.

Mais Bergmann aussitôt redevint très sérieux.

– Non! non! Ca ne va pas. Pas du tout. Je voulais seulement vous donner une vague idée… Non, ça ne peut pas aller. Attendez. Nous devons réfléchir…

[…] Bergmann soupira.

– Ça n'est pas si facile…

Il alluma une autre cigarette.

– Pas si facile, marmonna-t-il. Attendez donc. Attendez donc. Voyons…

Il se leva, arpenta le tapis […]. Alors, une idée le frappa. Amusé par elle, il fit halte en souriant.

– Savez-vous ce que me dit ma femme, quand j'ai des difficultés de ce genre? «Friedrich, me dit-elle, va donc écrire tes poèmes. Quand j'aurai fait le dîner j'inventerai pour toi cette histoire idiote. Après tout, la prostitution, c'est l'affaire des femmes.»

Christopher Isherwood, *La Violette du Prater*, traduit de l'anglais par Léo Dilé, coll. 10/18, Julliard, Paris, 1967

«La Couleur de l'argent»

Trente-cinq ans après son interprétation de L'Arnaqueur, *Paul Newman décide de lui donner une suite. Scorsese évoque leur collaboration commune au scénario.*

Paul Newman avait aimé *Raging Bull* et m'a adressé une lettre de «fan» au nom de «Michael Scorsese»! (On m'a souvent attribué la paternité de *Voyage au bout de l'enfer*). Juste à la fin du tournage d'*After Hours*, Paul me téléphone et me demande si ça m'intéresse de faire *La Couleur de l'argent* qui devait être une espèce de suite à *L'Arnaqueur*, d'après le dernier livre de Walter Tevis, qui reprenait le personnage de « Fast » Eddie Felson, vingt-cinq ans après. Je lui ai dit que ça m'intéressait effectivement.

Il venait de travailler avec un écrivain sur un scénario pendant un an. J'ai tout de suite pensé que son scénario n'était pas très bon ; si je n'étais pas associé à l'idée originale, ce ne serait pas le genre de boulot pour lequel on se lève tôt tous les matins. On a donc eu de longues discussions à New York et il m'a dit : « Laissons l'écrivain faire encore une tentative ! » C'est ce qu'il a fait, mais il restait, bien entendu, la même intention de départ que je n'aimais pas. Je ne pensais pas que le personnage de « Fast » Eddie était assez solide ou assez dramatique. Je pensais qu'il fallait réorienter tout ça. Alors m'est venue une idée. J'ai fait venir un autre scénariste, l'écrivain Richard Price qui avait écrit *The Wanderers* et *Bloodbrothers* pour exploiter cette idée. [...]

Notre idée de base, c'était que « Fast » Eddie Felson n'était pas le genre de type qui, après avoir perdu à la fin du premier film, s'était contenté de remballer et n'avait rien fait de sa vie pendant vingt-cinq ans. C'est un grand arnaqueur et si Bert Gordon était un vrai salaud, la seule façon de survivre pour « Fast » Eddie, c'était, selon moi, d'être encore plus salaud, plus vicieux et plus corrompu que Bert. C'est une façon de survivre que de devenir tout ce qu'on déteste. Et quand il réalise ça, il est trop vieux pour changer – jusqu'à ce qu'il rencontre ce gosse. Il met le gosse sous son aile protectrice et essaie de le corrompre, de le faire devenir un autre Eddie. Mais ce qui se passe, c'est qu'ils troquent leurs rôles. Comment ça allait se passer ? Je n'en avais pas la moindre idée puisque nous n'avions pas encore d'intrigue. Mais au moins, Eddie allait devoir se remettre à jouer, que ça lui plaise ou pas. Peu importe qu'il gagne ou qu'il perde ; il devait se remettre à jouer.

L'idée a plu à Paul Newman. Le lendemain, on est revenu avec un synopsis et on s'est mis à récrire le scénario. Richard Price écrivait, m'apportait son travail et on en discutait. Ensuite, on donnait le résultat à Paul Newman et on le faisait venir à nos séances d'écriture, de sorte que c'était comme si on l'avait fait répéter. Comme je le disais à Richard : « On est en train de lui faire un costume trois pièces. C'est lui le personnage principal et c'est grâce à lui si nous travaillons. Il faut qu'il ait un air spécial et les mots doivent venir directement de ses cordes vocales ! »

Ça a été une bonne période ; au bout de neuf mois, on a décidé de faire le film. Ça nous a pris tout ce temps pour décider si oui ou non nous pouvions travailler ensemble, pour voir jusqu'où on pouvait pousser Paul Newman pour qu'il découvre ce qu'il allait faire. Parfois, ça ne marchait pas : il nous menait autre part et on lui disait : « Je ne sais pas ce qu'il veut dire ! » On revenait alors avec quelque chose d'autre et on finissait par se comprendre ; ça marchait. J'ai essayé la même méthode avec d'autres gens, ce qui m'a permis de m'apercevoir que je n'avais pas envie de travailler avec eux. Je m'amuse avec eux sur un plan personnel, mais s'il y a en eux quelque chose dont je me défie, le plateau peut soudain devenir celui de *L'Exorciste* – têtes qui tournent et langues qui pendent.

David Thompson et Sam Christie, « Scorsese on Scorsese », traduit par Serge Grünberg, *Cahiers du Cinéma*, 1990

Créer les costumes

Dessiner un costume pour un film, c'est bien plus qu'habiller un comédien. C'est lui proposer une peau dans laquelle il devra se glisser pour devenir le personnage. Au carrefour des désirs exprimés par le scénariste, le réalisateur et l'acteur, il revient au créateur des costumes de conférer au personnage une existence, avant même que le comédien prenne sa place devant la caméra pour le faire vivre.

W*est Side Story.*

De la nécessité de mentir

Max Ophuls aborde pour la première fois la couleur avec Lola Montès *(1955). Le créateur des costumes de tous ses derniers films, Georges Annenkov, se souvient.*

Il arrive que «la vérité de la vie devient le mensonge dans l'art» (Taïrov). C'est pourquoi, afin d'accentuer les couleurs automnales du paysage, Ophuls (dans la séquence Lola-Franz Liszt) n'hésita pas, en tournant les extérieurs, à faire peindre la route où devait passer le carrosse, en ocre orange, sur une longueur d'un kilomètre. Cependant, lorsque le tournage de ce film dut se transporter en Allemagne (où se déroulait la plus grande partie de son action) ma remplaçante allemande, animée d'un esprit traditionnel cinématographique (fidélité documentaire dans tout ce qui concerne les accessoires, les costumes et surtout les uniformes), procura, pendant que j'étais obligé de rester encore à Paris et contrairement à mes instructions, les vrais uniformes de la garde royale bavaroise de l'époque, d'un bleu très intense, au lieu de les faire exécuter selon les exigences de la polychromie du film. Une cinquantaine de figurants qui devaient remplir le premier plan sur l'écran, furent ainsi habillés. En arrivant, le jour même de Paris sur le lieu de tournage (un château aux environs du romantique Bamberg) j'ai constaté que ces costumes, nonobstant leur authenticité, n'étaient pas photographiables. Je tâchai d'expliquer que les couleurs, telles que nous les voyons dans la nature se changent radicalement sur la pellicule, par suite de l'imperfection technique de la photographie, y perdent leur naturel, et que, afin d'éviter une telle métamorphose sur l'écran avec les uniformes vrais, il fallait falsifier savamment leurs couleurs avant de les exposer devant l'objectif photographique. Il est bien entendu qu'une explosion, – elle aussi traditionnellement cinématographique, se produisit immédiatement. La direction de la production, en me reprochant ma remarque, défendit la thèse que la vérité des objets est indispensable et que l'on ne gâche pas l'argent inutilement pour fabriquer des costumes imaginaires quand on trouve des uniformes véridiques dont les couleurs sont exactes; Max Ophuls, étant d'accord avec moi, mais ne voulant pas aggraver la situation, déjà assez compliquée, accepta de tourner la scène. Quelques jours après, cette image, projetée sur l'écran, provoqua un effet déplorable. Les soldats de la garde royale se transformèrent en anges habillés en azur céleste transparent et si lumineux que cela aveuglait les spectateurs. Max Ophuls, sur le coup, refusa d'incorporer cette séquence dans son film et cela sans aucune opposition de la part de la Production, mise devant l'évidence. L'argent était «gâché».

Georges Annenkov, *Max Ophuls*,
Le Terrain vague, Paris, 1962

«West Side Story»

Irene Sharaff avait déjà dessiné pour Broadway les costumes de West Side Story *avant de réaliser ceux de la version filmée (1961). Ceux-ci lui vaudront le troisième de ses cinq oscars.*

Pour les costumes de la version scénique et de la version cinématographique de *West Side Story*, ni l'exagération ni l'imagination n'avaient de rôle à jouer. Un réalisme littéral n'aurait pas davantage fait l'affaire du point de vue visuel. Je m'en remis donc à la couleur pour opposer les deux bandes rivales et ajoutai à leurs costumes des détails empruntés aux vêtements de la Renaissance. Dans les années 1950, les adolescents que l'on croisait dans les rues new-yorkaises s'étaient eux-mêmes fabriqué une tenue (que personne n'avait encore récupérée pour la mettre à la mode) composée d'un blue-jean ou d'un pantalon de grosse toile, d'un tee-shirt, d'un coupe-vent et de baskets. C'était bien sûr une tenue économique et confortable. Pour les Sharks, la bande des Portoricains, j'utilisai du violet criard, du rose foncé, du rouge vif et du noir; pour la bande des Jets, une palette de bleus indigo sans éclat, de jaunes délavés et d'ocre. Ces couleurs semblaient correspondre à leur allure physique. De plus, même si les Portoricains sont les plus faibles et les moins acharnés dans l'histoire, leurs habits leur donnaient une certaine agressivité.

Aujourd'hui, on voit tellement de coupe-vent qu'on oublie que c'est un vêtement très ancien dont les origines remontent à la cape de berger, jadis très répandue. Voilà un exemple de vêtement qui était au départ destiné à un usage pratique, puis qui acquit une beauté sans âge, et que la mode copie et adapte de temps en temps – preuve qu'il ne sera jamais dépassé. Lorsqu'on le porte sur un jean serré, le coupe-vent moderne pourvu d'un capuchon dessine une forme semblable à celle de certains personnages dans la peinture florentine de la Renaissance. Ceux des bandes rivales de *West Side Story* étaient variés par l'emploi de couleurs différentes sur le devant et le dos, en contraste marqué avec la couleur des manches. Les coutures étaient réalisées avec un fin liseré de satin, d'une autre couleur encore, si bien que les mouvements des danseurs animaient leurs blousons de multiples couleurs. Les tee-shirts, qu'on ne portait qu'en sous-vêtement avant les années 1950, étaient teints et ils donnaient aux danseurs des airs de trapézistes.

Dans la pièce, les filles portaient des vêtements plus variés et davantage théâtraux. Là encore, la couleur jouait un rôle important. Les jeunes Portoricaines avaient naturellement l'air plus exotique que les filles des Jets (dont l'une s'habillait d'ailleurs comme ses camarades masculins). Leur seul vêtement à coloration ethnique était le *rebozo*, longue étole de laine à franges qui se porte autour des épaules et parfois sur la tête au Mexique et dans les Caraïbes. Au reste, dans la dernière scène, au moment où le héros est tué, elles se le mettent sur la tête et ressemblent ainsi aux femmes en deuil des cultures traditionnelles.

Irene Sharaff, *Broadway and Hollywood*, Van Nostrand, Reinhold, New York, 1976, traduit de l'anglais par Frédéric Maurin

«Les Demoiselles de Rochefort»

Six ans plus tard, Jacqueline Moreau affronte le même type de problèmes avec les costumes que lui demande Jacques Demy pour Les Demoiselles de Rochefort.

Avec les danseurs, c'est toujours un problème parce qu'il leur faut pouvoir lever les jambes, les bras, et qu'ils ont trop chaud, ou trop froid. Là, on les avait mis en jeans assez moulants, ce qui n'est pas très loin du collant, et j'avais fait rajouter des soufflets sous les blousons pour la liberté des mouvements. Pas de problème non plus pour les danseuses qui étaient en robes de mousseline sur des collants de couleurs ou bien en jupes très courtes comme c'était la mode à l'époque. Et comme Jacques a un faible pour les chapeaux, particulièrement les capelines, on les a retrouvés dans *Les Demoiselles* avec les grands chapeaux des deux sœurs et tous ceux de la figuration et des danseuses.

Positif n° 329-330, juillet-août 1988, entretien avec Jean-Pierre Berthomé

Les faux mollets de Jules César

Habiller un comédien, c'est aussi savoir le présenter à son meilleur avantage. Irene Sharaff, pour Cléopâtre *(1963), adapte la documentation historique aux imperfections physiques du futur César.*

Walter [Wanger, producteur du film] et Joe [Mankiewicz, réalisateur] me firent venir dans la salle de projection. Ils visionnaient les essais de costumes qu'avait faits Rex Harrison, qui s'apprêtait à commencer le tournage dans le rôle de Jules César. Ils se les repassèrent en critiquant vertement l'allure de Rex. Les costumes étaient de fidèles reproductions de ce que portaient les patriciens romains en 52 avant Jésus-Christ, mais comme Rex en fit plus tard la remarque, ils le faisaient «ressembler à un vieux Charlot». Sans le talent des tailleurs de Saville Row, la silhouette de Rex manquait de prestance. Les tuniques et les manches courtes qui se portaient couramment à Rome n'étaient guère flatteuses : elles faisaient ressortir ses épaules étroites, ses bras longs et minces, ses jambes maigres comme des allumettes. Sans doute les historiens peuvent-ils débattre de la carrure de César, mais il aurait été catastrophique de montrer ses défauts chez un acteur qui tenait son rôle à l'écran : «Ecoute ! me dit Joe, tu dois nous sortir de ce mauvais pas. Il n'est pas question de garder Rex comme ça. Débrouille-toi ! »

Irene Sharaff.

C'est en me lançant dans ce travail que j'appris un détail historique du plus grand intérêt.

Je trouvai une description du goût vestimentaire de César dans les *Vies des douze Césars* de Suétone : « Il se faisait remarquer par sa façon de s'habiller : il portait en effet un laticlave avec des franges descendant jusqu'aux mains et jamais il n'attacha sa ceinture autrement qu'en faisant remonter sa tunique de manière à dissimuler le laticlave, et il laissait sa ceinture très lâche ; ce qui donna lieu à ce mot de Sulla, qui disait aux aristocrates : "Méfiez-vous de ce jeune homme à la ceinture lâche." » [trad. Pierre Grimal, « Le Livre de Poche », 1973.] Visiblement, César s'habillait comme il l'entendait sans se soucier de savoir si les longues manches à franges étaient au goût du jour ou non.

Me rappelant avoir fabriqué un torse en caoutchouc mousse pour Loretta Young, je repris l'idée pour Rex. Un sculpteur fabriqua un moulage pour son torse en élargissant ses épaules et en agrandissant son tour de taille ; il procéda de même pour ses cuisses et ses mollets, et, avec un très sûr instinct romain, une couturière de l'atelier choisit de recouvrir le caoutchouc mousse de soie rose vif. Rex devenait ainsi plus « carré », mais comme la matière était très souple, il ne perdait pas pour autant sa liberté de mouvement. Pour remplacer la courte tunique plissée que les généraux avaient coutume de porter sous leur armure, je dessinai une sorte de pourpoint en cuir et à manches longues. Les hauts-de-chausses, en cuir eux aussi, étaient en partie recouverts par des jambières sous le genou. L'armure d'un commandant militaire aurait été ornée de riches décorations, mais pour Rex, je dessinai au contraire une cuirasse de cuir mat et foncé, sans fioritures à l'exception de la traditionnelle esquisse d'un torse masculin en relief. Sur les épaules, il portait une grosse cape de laine rouge. D'après cette description du costume et de ses rembourrages, on pourrait croire qu'il semblait compliqué, mais en réalité, il marquait l'œil du spectateur par sa simplicité et conférait à l'acteur une très grande force dramatique. J'ai utilisé la même liberté pour ses autres costumes, les ai réduits au strict minimum et ne leur ai ajouté presque aucun ornement. Sa robe de sénateur était plissée et descendait jusqu'à terre ; la toge qu'il portait par-dessus le faisait paraître plus imposant. Il n'y eut qu'un seul hic : dans la dernière scène, quand les conspirateurs s'élancèrent vers César au pied de la statue de Pompée, ils brandirent des épées en caoutchouc pleines de liquide rouge pour commettre le meurtre, mais en heurtant le rembourrage en mousse de Rex, les épées rebondirent. On trouva bientôt une solution au problème, et avec la mort de César s'acheva la remarquable interprétation de Rex, peut-être la meilleure de tout le film.

Irene Sharaff, *op. cit.*

Divers visages de Cléopâtre : ci-dessus, Theda Bara (1917); ci-dessous, Claudette Colbert (1934); à droite, Vivien Leigh (1945). Page de droite : Elizabeth Taylor (1963).

La préparation du tournage

Les moments qui préludent au début du tournage sont aussi ceux des ultimes décisions, la dernière pause avant la bataille. Peut-être est-il encore temps de modifier un décor, ou a-t-on le loisir de s'attarder à préparer avec les techniciens une scène particulièrement complexe. Le tournage commencé, toute hésitation deviendra un luxe qu'on ne saurait se permettre.

Le Château de l'araignée.

Sur le mont Fuji avec Kurosawa

Commentateur passionné de l'œuvre d'Akira Kurosawa, le critique américain Donald Ritchie observe la préparation du Château de l'araignée *(1957).*

Au départ, Kurosawa n'avait pas l'intention de réaliser lui-même ce film. [...] Peut-être que s'il avait écrit le scénario en pensant à lui, il l'aurait écrit différemment. Les scénarios qu'il écrit pour autrui, a-t-il déclaré un jour, sont en général plus riches en détails visuels que ceux qu'il écrit pour lui – et de fait, celui du *Château de l'araignée* est d'une grande richesse visuelle. Mais il s'est trouvé qu'au moment du tournage, comme il l'a expliqué, il a souvent eu d'autres idées visuelles que celles que le scénario contenait. [...] Après s'être décidé à réaliser le film, il se mit à étudier les *musha-e* japonais traditionnels, longs rouleaux représentant des scènes de bataille dans la peinture ancienne. En même temps, il demanda à Kohei Esaki, célèbre continuateur du genre, de lui servir de conseiller artistique.

Dans le souvenir du décorateur, Yoshiro Muraki, la préparation s'est déroulée de la façon suivante : « Nous avons étudié les plans de vieux châteaux – de très vieux châteaux, et non pas de ces châteaux blancs qui ont subsisté. Ensuite, nous avons opté pour des murs noirs et blindés afin de retrouver l'effet désiré du *suiboku-ga* (peinture à l'encre) avec quantités de brumes et de brouillards. C'est aussi pour cette raison que nous avons décidé de tourner assez haut sur le Mont Fuji, à cause du brouillard et du basalte noir. Mais ce que nous avons créé provenait de plusieurs époques historiques. Pour rehausser le tempérament compulsif du héros, nous avons imaginé des intérieurs spacieux, bas de plafond et soutenu par d'épaisses colonnes, afin de susciter un sentiment d'oppression. » Kurosawa se souvient pour sa part que « d'abord, nous avons construit un décor en plein air au pied du Mont Fuji, avec un château plat et non pas en trois dimensions. Mais nous nous sommes vite rendus compte, une fois qu'il a été fini, que ça n'allait pas. Les tuiles du toit, pour ne parler que d'elles, étaient trop fines et ça ne ferait pas l'affaire. Au lieu de céder, j'ai tenu bon en disant que je ne pouvais pas travailler si on m'imposait de telles limites, que je voulais qu'on puisse y croire quel que soit l'angle de prise de vues. » […]

« Pour ce qui concerne les décors, avoue Kurosawa, je ne me contente pas d'à-peu-près. […] Impossible d'obtenir un effet réaliste si on emploie du bois neuf et bon marché pour un décor censé représenter une vieille ferme. J'en suis intimement persuadé. Après tout, la vie d'un film repose tout simplement sur la plus grande vraisemblance possible. »

Après une autre dispute avec Ezaki, qui voulait un château imposant et tout en hauteur tandis que la préférence de Kurosawa allait à un château bas et massif, on construisit le décor qui allait finalement servir pour le tournage, en suivant les prescriptions de Kurosawa jusque dans leurs moindres détails : même les objets en laque durent être fabriqués sur mesure à partir de modèles qu'il repérait dans les musées. « Ça n'a pas été un film facile à réaliser. J'avais décidé qu'il fallait construire le décor du château sur les hauteurs du Mont Fuji, mais nous n'étions pas assez nombreux et nous nous trouvions à des centaines de kilomètres de Tokyo. Heureusement, il y avait une base militaire américaine à proximité et nous avons largement profité de leur aide. Nous avons tous travaillé d'arrache-pied pour préparer le terrain et construire le décor, le tout sur une pente très abrupte noyée dans le brouillard. […]»

En fait, seules les scènes d'extérieur ont été tournées à cet endroit. La cour du château (revêtue de terre volcanique ramenée du Mont Fuji pour que le sol soit le même dedans et dehors) a été construite dans les studios Tamagawa de Toho, dans la banlieue de Tokyo, et les scènes d'intérieur ont été tournées dans un petit studio de la capitale. En outre, pour les scènes de la forêt, on a mélangé la vraie forêt du Mont Fuji et les studios de Tokyo, tandis que la demeure de Washizu se trouvait isolée dans la péninsule d'Izu – autant dire au bout du monde.

Je me souviens très bien de ce décor. Comme tous les autres, il était en trois dimensions, car c'était en fait un vrai manoir situé au milieu des rizières dans une vallée presque inaccessible. Je m'en souviens tout particulièrement parce que j'étais là lorsque Kurosawa décida de tous les aspects visuels d'une scène. Celle-ci avait beau figurer dans le scénario, on ne savait pas très bien comment la représenter. Kurosawa y réfléchit un soir et trancha le lendemain. Il s'agit de la scène où un messager vient annoncer l'arrivée du seigneur accompagné des chasseurs. Washizu, qui complote déjà le meurtre, se précipite hors de chez lui, abasourdi par ce coup du destin qui lui envoie le seigneur pour la nuit.

La première caméra se trouvait sur une estrade dans l'enceinte de la demeure, et la seconde dans un champ de riz à l'extérieur. Entre les deux, le mur formait un angle qui les tenait hors du champ de vision l'une de l'autre. Kurosawa se tenait sur l'estrade, l'œil sur le viseur pour choisir l'angle de prise de vue qui lui paraissait le meilleur.

On répéta la scène une fois, puis on

tourna. Le messager arriva de loin au galop et annonça l'arrivée du seigneur. Les serviteurs se précipitèrent hors du château, mais il fallut interrompre la prise car l'un d'eux était tombé en glissant. « Ce n'est pas la peine d'en rajouter ! », s'exclama Kurosawa, déclenchant le rire général. Puis on tourna la scène une seconde fois. […]

Pour la scène suivante, qui s'inscrivait dans la continuité de la première et montrait le messager en train d'annoncer la nouvelle, la caméra était équipée d'un téléobjectif. Ensuite, avec les deux caméras équipées de téléobjectifs, on filma l'avancée des chasseurs au loin, le long défilé auquel ne manquaient ni les cerfs ni les sangliers capturés. Dans cette séquence, la prise suivante devait montrer un Washizu affolé (joué par Mifune) bondir hors de chez lui. […] Puis on tourna d'autres scènes de l'arrivée des chasseurs […].

Les rushes de cette arrivée des chasseurs étaient splendides – tant le panoramique d'ensemble que, plus tard, l'avancée prise au téléobjectif qui aplatissait les personnages comme sur une tapisserie médiévale. Après les avoir visionnés, Kurosawa ne dissimula pas sa satisfaction : « J'ai à peu près dix fois plus de pellicule qu'il ne m'en faut. »

Dans la version définitive du film, le travail effectué pour cette séquence se réduit à une dizaine de secondes. […]

Je pense encore à Kurosawa ce matin-là : debout sur son estrade, il dirigeait tout dans le calme. Il proposait au lieu d'ordonner, regardait dans les viseurs, se frayait un chemin dans la boue jusqu'à l'autre caméra, plaisantait, et finissait par obtenir exactement le résultat qu'il désirait. Mais il était aussi assez déterminé, assez discipliné, pour sélectionner parmi tous les trésors accumulés les quelques images contenant ce qui allait être le plus utile au film. Ce faisant, il incarnait sans conteste la solitude de l'homme, son ambition et sa capacité à choisir de se tromper.

Donald Ritchie, *The Films of Akira Kurosawa*, University of California Press, Berkeley, p. 122-124, 1970.
Traduit de l'anglais par Frédéric Maurin

Huston tourne « La Charge victorieuse » (1950)

Autorisée à suivre le tournage du film de John Huston, la romancière Lillian Ross en tirera un livre impitoyable sur le système de production américain.

Huston arrêta le cheval près d'un grand chêne à côté d'un champ en friche, jaune et desséché. Des voitures du studio ainsi qu'un grand car stationnaient dans le champ. Une pyramide de fusils était empilée près du car. Sous le chêne étaient assis Harold Rosson, le cameraman, ainsi que Reggie Callow, l'assistant metteur en scène, Lee Katz, directeur de production, Andrew Marton, le metteur en scène en second, le colonel Paul Davison, conseiller technique, et Albert Band.

Callow s'avança d'un pas et fit le salut militaire. « Les troupes sont fraîches, monsieur Huston, dit-il. Je leur fais faire l'exercice depuis une heure.

– Très bien, *amigo*, dit Huston.

– Dure journée, dit Katz. Quelle chaleur ! »

Une douzaine de seconds rôles, en uniformes et képis bleus, étaient vautrés sur l'herbe. Non loin d'eux se trouvait un autre groupe, comprenant un script-boy, un photographe de plateau, quelques assistants metteurs en scène, quelques assistants cameramen, des accessoiristes et des machinistes. Les acteurs de premier plan, tous en uniformes bleus, étaient assis par terre en cercle et jouaient au poker […].

«Alors, les gars…», dit Huston. Il descendit de cheval, noua les rênes à une branche d'arbre, et passa l'heure suivante à discuter avec Rosson de problèmes de cadrages. Les seconds rôles étaient affalés dans l'herbe, l'air résigné et inexpressif. Ils étaient payés cent soixante-quinze dollars par semaine, et le public ne les remarquerait pas suffisamment pour se souvenir de leurs visages. […]

Les répétitions étaient moins axées sur le jeu des acteurs que sur les préparatifs de cadrage et de photographie. Huston étudiait ses acteurs sous tous les angles avec son viseur et discutait avec Rosson de l'endroit où l'on placerait la caméra, composant le plan de base de chaque scène avec le soin méticuleux d'un peintre au travail sur un tableau. Une scène dans laquelle le Soldat Bruyant devait courir vers un groupe de camarades et leur crier que l'armée se préparait à livrer bataille était censée se passer près d'une rivière, à l'endroit même où, dans la scène précédente, le Soldat Bruyant avait appris la nouvelle. Or, cette dernière scène serait filmée au bord du Sacramento, près de Chico, à plusieurs centaines de kilomètres au nord du ranch. Après les neuf jours de répétition, l'équipe se rendrait à Chico pour continuer les répétitions et tourner.

Deux heures plus tard, les acteurs et l'équipe technique déjeunèrent, grâce aux provisions apportées sur place par une roulante de la M.G.M. Lee Katz raconta à Huston que, pendant le tournage du film, on servirait dix mille cinq cents pique-niques, ce qui coûterait 15 750 dollars à la Metro – l'un des plus petits postes du budget du film. Pendant le déjeuner, un accessoiriste apporta à Huston une boîte contenant plusieurs montres anciennes de différents modèles et lui demanda d'en choisir une pour la scène dans laquelle le Soldat Bruyant, craignant d'être tué au feu, donne sa montre au Jeune Homme. Un autre accessoiriste apporta trois petits cochons hurlants et pria Huston de choisir celui qui serait volé à une jeune fermière dans la scène montrant un soldat en train de piller une ferme. Huston choisit une montre et un cochon, et annonça ensuite la répétition d'une scène entre Audie Murphy et Bill Mauldin, juste avant leur première bataille. […]

Huston ne semblait prêter aucune attention à la façon dont les acteurs jouaient. De temps en temps, il les interrompait pour leur demander de regarder dans une direction ou une autre, et il discutait avec Rosson sur l'endroit où l'on devrait mettre la caméra et sur l'importance qu'il convenait de donner à la silhouette de l'arbre dans le plan.

Après la répétition de la scène, Huston fit pour la première fois un commentaire sur le jeu des comédiens. Il prit Murphy à part et lui expliqua qu'il y avait un côté d'humour dans la peur du Jeune Homme. […]

«Voilà le producteur, les gars ! s'écria quelqu'un. Faites semblant de travailler ! »

Reinhardt marchait lentement à travers le champ jaune et brûlé par le soleil. Il avait un nouveau cigare à la bouche et un béret bleu sur la tête. Il serra la main de Huston et lui demanda comment ça se passait.

«Merveilleux, Gottfried, répondit Huston. Tout simplement merveilleux. »

Lillian Ross,
Un film est un film,
traduit de l'anglais
par Manuela Andreota,
Gallimard, 1966

«Les Parapluies de Cherbourg»

Avec Les Parapluies de Cherbourg *(1963), Jacques Demy réalise son rêve d'une création totale où les dialogues, intégralement chantés, seraient indissociables des harmonies de couleurs et de la chorégraphie de la mise en scène. Tout comme la musique décale les mots, la couleur décale l'espace, le transcende, pour constituer un univers réel et rêvé à la fois, une ville de pierre, d'air et d'eau peinturlurée par un magicien.*

Catherine Deneuve, Nino Castelnuovo et Jacques Demy.

Trois énergies pour un projet

Convaincre les financiers de croire en un projet aussi singulier n'est pas chose aisée. Pendant que Jacques Demy et Michel Legrand achèvent d'écrire le film, Mag Bodard réunit les capitaux nécessaires.

Jacques Demy [réalisateur] : Je lui [Michel Legrand] ai donné l'histoire des *Parapluies* qu'il a appréciée tout de suite et il m'a demandé comment je le voyais, comment on allait s'en sortir. Je lui ai dit : «Je n'en sais rien. Je suis parti des Marseillais qui chantent quand ils parlent. Organisons cette mélodie et nous aurons du chant. Je ne crois pas à l'opéra pour faire un film populaire parce qu'on ne comprend pas ce qui s'y dit. Essayons de trouver un équivalent de l'opéra au cinéma où chaque mot soit compréhensible, clair…» et on s'est mis au travail. Pendant six mois, Michel n'a rien trouvé ; il allait un peu dans toutes les directions. J'étais assez découragé et commençais à me dire que peut-être ce n'était pas faisable. Et puis c'est très curieux, nous sommes venus ici pour un long week-end le 1er novembre ; l'entrepreneur d'ici nous a prêté le piano du patronage, un cadre de fer qui avait un son absolument dégueulasse, et Michel a mis en musique pour la première fois quelque chose qui marchait, où le mariage entre les mots et la musique semblait couler de source. C'était la scène avec Mme Emery chez le bijoutier : «Nous sommes dans une situation difficile.» Je lui ai dit : «Ça y est ; tu as trouvé. Il faut que ce soit comme cela, et de mieux en mieux.» A partir de ce moment-là, on a passé à peu près une année à tout mettre au point, mais le ton, le style, étaient trouvés.

Mag Bodard [producteur] : Moi, j'ai été fascinée par l'histoire des *Parapluies* et par l'idée de faire quelque chose de très neuf. J'étais tout à fait nouvelle dans cette carrière où je suis restée une marginale. Par obligation, je suis aussi une femme d'affaires, mais je fais du cinéma un peu comme on fait une collection : pour moi, le plaisir c'était de faire des choses que j'aimais avec des gens qui allaient bien avec les choses qu'ils faisaient… Et quand Jacques et Michel m'ont raconté ce qu'ils voulaient faire, j'ai eu très, très envie de faire le film. Je crois que cela m'a intéressée parce que c'était un pari ; j'ai eu vraiment le sentiment que je jouais là quelque chose.

Il ne fallait pas beaucoup d'argent puisque le film a coûté 1 300 000 francs, mais c'était déjà une somme à l'époque et il fallait trouver cet argent pour pouvoir le monter. Tous les distributeurs que j'ai vus à Paris ont refusé, m'ont dit que c'était de la folie ; les uns voulaient le faire en noir et blanc et non chanté, d'autres voulaient qu'on fasse un essai de quinze minutes en 16 mm… les choses les plus aberrantes, comme toujours dès qu'on sort des sentiers battus. Et finalement j'ai obtenu de la Fox 290 000 francs d'avance-distribution parce que Pierre Lazareff avec qui j'étais très liée et qui faisait *5 Colonnes à la Une* a offert à Zanuck de lui faire en échange un reportage à *5 Colonnes à la Une* sur le tournage du *Jour le plus long !* Le reste a été trouvé en partie par l'Allemagne, en partie par l'avance sur recettes; et pour le dernier quart, je l'ai emprunté comme j'ai pu parce qu'il ne me restait plus un sou après le désastre de *La Gamberge*.

Michel Legrand [compositeur] : Le film est à la limite du parlé et du chanté finalement ; il est vraiment entre les deux. Pour que ça penche vers le chant, il nous fallait des voix simples, qui s'accordent au texte, à la musique ; qui

Michel Legrand et Jacques Demy.

chantent donc avec beaucoup de simplicité… des gens de jazz, parce qu'il y avait beaucoup de moments rythmés.

On a d'abord fait tous les play-back d'orchestre, et ensuite on a posé les voix, dessus pour qu'elles soient bien séparées et qu'on puisse avoir au mixage une grande souplesse. Pendant tout l'enregistrement des voix les comédiens étaient là ; Catherine Deneuve par exemple était là quand Danielle Licari enregistrait son rôle et lui donnait des indications : « Il me semble que je dirais cela de telle et telle manière », de façon à ce qu'après, au tournage, ça ressemble aussi aux comédiens. Ça a été très utile, très efficace. Ensuite, une fois qu'on a eu nos play-back définitifs, on a été tyranniques avec nos comédiens et nos comédiennes; on les a fait travailler tous les jours pendant un mois pour qu'au tournage on ne perde pas de temps, pour qu'ils soient vraiment synchrones. Et ils avaient tellement bien travaillé qu'on n'a pratiquement rien eu à reprendre après. Moi, j'étais toujours là, sur le tournage, et j'étais l'œil du synchronisme.

Jean-Pierre Berthomé,
Jacques Demy, Les racines du rêve,
L'Atalante, Nantes, 1982

Repeindre une ville pour en faire un décor

Complice indispensable de la carrière de Jacques Demy, Bernard Evein a créé les décors de neuf de ses films. Pour Les Parapluies*, il repeint Cherbourg aux couleurs de leur rêve commun.*

Pour *Les Parapluies de Cherbourg*, Jacques Demy et moi avons recherché dans Cherbourg des lieux correspondant aux décors prévus par le scénario, des lieux vides que nous pourrions repeindre à notre guise, transformer comme nous l'entendions. Après un relevé rapide de ces lieux, nous avons tracé les plans en bureau de dessin, calculé l'emplacement des meubles, les quantités de papier peint dont nous aurions besoin. Tous les papiers peints, ce que l'on appelait autrefois papiers tentures, ont été imprimés à la demande, à partir de motifs existants mais dans les couleurs exactes que nous avions décidées à l'avance : violet pour le magasin, rose et vert pour le salon de Mme Emery, rouge pour sa chambre, bleu pour celle de Geneviève, etc. […]

Ces papiers sont exécutés à la main, imprimés à la peinture à la colle qui permet d'obtenir des couleurs superbes, sur des planches anciennes dont les bois existent toujours dans quelques maisons spécialisées comme Mauny à Paris. On choisit le motif de la planche et les imprimeurs reproduisent exactement les échantillons de couleurs fournis. Ces papiers, dont le prix est fonction du nombre de couleurs exigé, sont évidemment très chers et je n'en avais fait imprimer que le strict nécessaire, au point que pour un raccord, un gros plan de Catherine Deneuve, il nous a fallu à la fin du film décoller six mètres carrés du papier peint de sa chambre pour les recoller sur une feuille en studio. Le directeur de production était un peu affolé par l'importance du budget de papiers peints par rapport au devis total et j'avais dû lui expliquer que c'était là que devait être faite la dépense, que cela ne m'empêcherait pas de demeurer à l'intérieur du devis que je lui avais remis. La surprise est venue à l'arrivée à Cherbourg pour préparer le tournage. Pour deux décors, l'appartement de Tante Élise et l'intérieur de la boîte de nuit rouge, leurs propriétaires n'étaient plus d'accord sur la location convenue et demandaient des sommes supérieures à celles prévues. Il nous a donc fallu retrouver d'autres lieux qui ne correspondaient plus en surface de murs aux quantités de papiers peints commandées. L'impression de ces papiers à la demande exige quelque six semaines de délai et il n'était pas question de faire réimprimer ce qui nous manquait. Nous avons donc dû trouver d'autres solutions rapidement, en prenant garde de ne pas modifier les ambiances prévues. C'est ainsi que dans la chambre de Guy une cloison de planches s'est retrouvée simplement peinte dans un bleu qui était l'une des couleurs du papier peint qui décorait le reste de la pièce et que dans la boîte rouge un papier décoré de paons qui ne trouvait plus sa place sur les panneaux des murs a servi à fabriquer des paravents qui séparaient en petits boxes les tables des consommateurs.

Quand on tourne en décors naturels, l'environnement pose des problèmes qui doivent être résolus sur place, au coup par coup. Au bout de la rue du magasin des *Parapluies*, il y avait le port. Le savoir ne suffisait pas, encore fallait-il le rendre présent. Le seul moyen de suggérer la proximité du quai était d'y mettre un bateau. Mais la marée à Cherbourg est importante et si l'on voyait bien le bateau à marée haute, six heures après il avait disparu. Et cela à des heures différentes chaque jour bien sûr. La solution a été de construire une silhouette de bateau de pêche en bordure du quai, insensible donc aux écarts des marées, toujours là pour rappeler au fond de la rue la proximité du port. Ce n'étaient que des éléments trouvés chez un ferrailleur-casseur des environs de Cherbourg : une cabine métallique que nous avons fait poser en bordure du quai par un camion-grue, des mâts que nous avons fixés comme des mâts de drapeaux en retirant quelques pavés et en les enfonçant de quatre-vingts centimètres dans le sol […] quelques cordages représentant le gréement et tous les accessoires : bouées, filets, lanternes. La partie haute de la coque, cinquante centimètres tout au plus, était construite en menuiserie et posée sur le sol, de façon à donner l'illusion du bateau à quai, tel qu'on peut le voir de la rue.

Bernard Evein (inédit)

Marier les costumes aux décors

Future créatrice des costumes de Buñuel ou Resnais, Jacqueline Moreau est associée à l'élaboration des Parapluies.

Le film avait été complètement décortiqué avant même que nous commencions à réaliser la moindre chose. Nous avons eu d'interminables réunions préparatoires avec Jacques Demy et Bernard Evein qui faisait les décors et nous avons tracé de véritables graphiques sur lesquels nous pouvions suivre les passages de tel costume d'un décor à l'autre, les autres costumes qu'il y rencontrait et comment tous les tons se mariaient à chaque stade. Arrivé dans un décor, tel costume n'était plus possible et il fallait trouver une solution comme de faire retirer son manteau à un personnage ou de lui faire enfiler un gilet. Et tout cela a été convenu en complet accord avec Jacques et en fonction des besoins de sa mise en scène, de ses cadrages. Mais cette complète harmonie était aussi essentielle au film que sa musique […]. Bernard avait déjà fait ses maquettes et j'avais tous les échantillons de tissus pour voir comment ils y rentreraient. Mais il est aussi arrivé que Bernard change un papier peint imprimé à la demande pour l'harmoniser avec un très joli tissu à fleurs qui avait séduit Jacques et que nous voulions utiliser pour la robe de grossesse de Catherine Deneuve. Pour une scène comme celle où Madeleine est en robe orange à fleurs violettes dans le café tout orange avec des barres violettes, c'était encore plus facile puisque le décor était peint et que cela permettait à la décoration d'ajuster les nuances jusqu'au dernier moment. Jamais je n'ai eu l'occasion de refaire une expérience aussi totale.

Positif n° 329-330, juillet-août 1988, entretien avec Jean-Pierre Berthomé

BIBLIOGRAPHIE

Cette bibliographie ne comporte que des ouvrages en langue française suffisamment récents pour être aisément accessibles.

1. Ouvrages généraux sur les métiers du cinéma et sur leur enseignement

- Claude Beylie et Philippe Carcassonne, éd. *Le Cinéma*, Bordas 1993.
- Véronique Berthonneau, *Guides des formations à l'audiovisuel*, Sonovision, n° spécial n° 28 bis, octobre 1988.
- Caroline Bironne, *Les Métiers de l'audiovisuel : radio, télé, ciné*, L'Etudiant, 1987.
- François Chevassu, *Faire un film*, Edilig, 1987.
- Michel Chion, *Le Cinéma et ses métiers*, Bordas, 1990.
- Collectif, *L'Enseignement du cinéma et de l'audiovisuel dans l'Europe des Douze*, INRP/Corlet-Télérama/CEE, 1991.
- Laura Delli Colla, *Les Métiers du cinéma*, Liana Levi, 1990.
- Monique Martineau, dir., *L'Enseignement du cinéma et de l'audiovisuel*, CinémAction n° 45, Cerf/CFPJ, 1987.
- Michel Pascal, *Profession cinéma*, J.-C. Lattès, 1987.
- René Prédal, dir., *Les Métiers du cinéma, de la télévision et de l'audiovisuel*, CinémAction hors-série, 1990.
- Philippe Rouyer, *Initiation au cinéma*, Edilig, 1990.

2. Ouvrages spécialisés

Le réalisateur

Les ouvrages consacrés aux réalisateurs sont si nombreux qu'il est impossible d'en établir la liste ici ; signalons simplement un livre consacré aux relations du réalisateur avec ses principaux collaborateurs :
- François Thomas, *L'Atelier d'Alain Resnais*, Flammarion, 1989.

L'assistant réalisateur

- Valérie Othnin-Girard, *L'Assistant réalisateur*, FEMIS, 1988.

La script-girl

- Sylvette Baudrot, Isabel Salvini, *La script-girl*, FEMIS, 1989.

Le producteur

- Pierre Braunberger, *Cinémamémoire*, Centre Georges Pompidou/CNC, 1987.
- Anatole Dauman, Jacques Gerber, *Souvenir-écran*, Centre Georges-Pompidou, 1989.
- Yonnick Flot, *Les Producteurs*, Hatier, 5 continents, 1986.
- Marc Goldstaub, *La Direction de production*, FEMIS, 1987.
- Alain Poiré, *200 films au soleil*, Ramsay, 1988.

Le scénariste

- Jean Aurenche, *La Suite à l'écran*, Institut Lumière/Actes Sud, 1993.
- Jean-Claude Carrière, Pascal Bonitzer, *Exercice du scénario*, FEMIS, 1990.
- Michel Chion, *Ecrire un scénario*, Cahiers du Cinéma/INA, 1985.
- Antoine Cucca, *L'Ecriture du scénario*, Dujarric, 1986.
- Pierre Jenn, *Techniques du scénario*, FEMIS, 1991.
- Pierre Maillot, éd, *L'Enseignement du scénario*, CinémAction n° 61, 1991.
- René Prédal, éd., *Les Scénaristes français*, CinémAction hors-série, 1991.
- Marie-Christine Questembert, *Les Scénaristes italiens*, Hatier, 5 continents, 1988.
- Christian Salé, *Les Scénaristes au travail*, Hatier, 5 continents, 1981.
- Jean-Paul Török, *Histoire pratique du scénario*, Henri Veyrier, 1986.
- Eliad Tudor, *Comment écrire et vendre son scénario*, Henri Veyrier, 1980. *Les Secrets de l'adaptation*, Dujarric, 1981.

Le décorateur

- Léon Barsacq, *Le Décor de film 1895-1969*, Henri Veyrier, 1985.
- Jean-Pierre Berthomé, *Alexandre Trauner, Décors de cinéma*, Jade/Flammarion, 1988.
- Georges Wakhevitch : *L'Envers des décors*, Robert Laffont, 1977.

L'ENSEIGNEMENT DU CINÉMA EN EUROPE

La liste qui suit, non exhaustive, signale les principales formations supérieures professionnelles publiques. Faute de place, elle ne fait pas mention des formations dispensées dans les universités ou dans des établissements privés. On trouvera une liste plus complète dans l'ouvrage collectif, *L'Enseignement du cinéma et de l'audiovisuel dans l'Europe des Douze*, INRP/Corlet-Télérama/CEE, 1991.

Autriche
Hochschule für Musik und darstellende Kunst, Abteilung für Film und Fernsehen
Metternichgasse 12, A-1030 Vienna.

Belgique
– IAD (Institut des arts de diffusion)
Rue des Wallons 77, B 1348 Louvain-la-Neuve.
– INSAS (Institut national supérieur des arts du spectacle)
Rue Thérésienne 8, B 1000 Bruxelles.

Danemark
Der Danske filmskole
Store Sondervoldstraede 4, 1016 Kobenhavn K (Copenhague).

France
– FEMIS (Institut de formation pour les métiers de l'image et du son)
6 rue Francœur, 75018 Paris.

– Ecole nationale Louis-Lumière
Rue de Vaugirard, 93161, Noisy-le-Grand.

Hongrie
Szinbaz-es Filmmiiveszeti Föiskola
Vas u. 2/c, 1088 Budapest.

Italie
CSC (Centro Sperimentale di Cinematografia)
Via Tuscolana, 1524, 00173 Roma.

Pays-Bas
NFTVA (Nederlandse Film en Televisie Akademie)
Ite Boeremastraat 1, 1054 PP, Amsterdam.

Pologne
Panstwowa Wyzsza Szkola Filmowa, Telewizyina c Teatralna
Ul. Targowa 61/63, 90 323 Lodz.

Portugal
Escola superior de teatro e cinema
Rua dos Caetanos, 29, 1200 Lisboa (Lisbonne).

République fédérale d'Allemagne
– Deutsche film und fernsehakademie Berlin DFFB
Pommernallee 1, 1000, Berlin 19.

– Hochschule für Fernsehen und Film HFF
Frankenthaler Strasse 23, 8000 Munchen 90 (Munich).

– Hochschule für Film und Fernsehen, Konrad Wolf
Karl Marx Str. 27, 0-1591 Potsdam.

Roumanie
Academia di Teatru si Film
Str. Matei-Volevod nr. 75-77 sect. 2 cod 73226 Bucharest.

Royaume-Uni
National Film and Television School
Beaconsfield Studios, Station Road, Beaconsfield., Bucks.

Russie
Vserossuyski Gosudarstvenni Institut Kinematografi
Ulitsa Vilgelma Pika 3, Moskva 129226 (Moscou).

Serbie
Fakultet dramskih umetnosti (pozorista, filma, radija i televizije)
Bulevar Umetnosti 20, 11070 Belgrade.

Suède
Dramatiska Institutet
Borgvägen, Box 27 090, S-102 51 Stockholm.

République tchèque
FAMU
Smetanovo nabr. 2., CS 116 65 Praha 1 (Prague).

Turquie
Sinema/TV Enstitüsü Kislaönü
Besiktas, Istanbul.

TABLE DES ILLUSTRATIONS

Wark Producing Corp (1916).
74b Fernand Léger dans le décor qu'il a réalisé pour *L'Inhumaine*, Marcel L'Herbier, Cinégraphic (1923).
74/75 *L'Inhumaine, ibid.*
75 Affiche de *L'Inhumaine, ibid*.
76/77 Werner Krauss dans *Das Cabinet des Doktor Caligari (Le Cabinet du docteur Caligari),* Robert Wiene, Decla-Film (1920).
78h Maquette de décor de Bernard Evein pour *Thérèse*, Alain Cavalier, Maurice Bernart (1986).
78/79 *Intervista*, Federico Fellini, Aljosha Productions/ RAI/Cinecitta (1987).
79 *Thérèse*, Alain Cavalier, Maurice Bernart (1986).
80 *Molière*, Ariane Mnouchkine, Claude Lelouch (1978).
80/81 *Roméo et Juliette*, George Cukor, Irving Thalberg/MGM (1936).
81 Cedric Gibbons.
82 *Don Giovanni*, Joseph Losey, Gaumont (1979). La villa Rotonda.
82/83 *Don Giovanni, ibid*. Scène des masques.
83h Maquette d'Alexandre Trauner pour le décor de *Don Giovanni, ibid.*
84/85 Ruggiero Raimondi dans *Don Giovanni, ibid*.
85h, 85b Alexandre Trauner et Giulio Tomassy sur le tournage de *Don Giovanni, ibid*.
86bg Tournage de *Last Call for Passenger Faber* de Volker Schlondorff (1991).
86bd Tournage en avril 1990 de *Last Call for Passenger Faber*, Volker Schlondorff (199).
86/87 Tournage en décembre 1988 de *La vie et rien d'autre*, Bertrand Tavernier, René Cleitman/Frédéric Bourboulon (1989).
87 Décors pour *Stars War (La Guerre des Etoiles)*.
88g Décor de *Frantic*, Roman Polanski (1987). Photo Bernard Chevojon.
88d *Le Sacrifice*, Andrei Tarkovski, Institut du film suédois/Argos (1986).
89 Charpentiers au travail, Paramount Long Island Studios.
90g *Les Parapluies de Cherbourg*, Jacques Demy, Mag Bodard (1963).
90/91 Catherine Deneuve et Françoise Dorléac dans *Les Demoiselles de Rochefort*, Jacques Demy (1966).
91d La chambre de Geneviève dans *Les Parapluies de Cherbourg*, Jacques Demy, Mag Bodard (1963).
91b Laurel et Hardy dans *Brats*, James Parrott, Hal Roach (1930).
92h *Winstanley*, Kevin Brownlow et Andrew Mollo, Brownlow/ Mollo/BFI (1975).
92/93 Tournage de *Cléopatra (Cléopatre)* Joseph L. Mankiewicz (1963). Préparation de la scène du bain de Marc Antoine.
93 *Commando dans la Gironde*, José Ferrer (1955).
94 Décor pour le tournage de *Sabotage (Agent secret)*, Alfred Hitchcock, Gaumont British (1936).
95 Décors pour *Les Amants du Pont Neuf*, Léos Carax (1988-91). Photo de Bernard Chevojon.

CHAPITRE V

96 Marcello Mastroianni dans *Intervista*, Federico Fellini, Aljosha Productions/RAI/Cine citta (1987).
97 *Stars War (La Guerre des Etoiles)* George Lucas, 20th Ceutry Fox/Lucasfilm (1977).
98 Cecil B. DeMille avec Pauline Garen et Clara West sur le tournage de *Adam's Rib (La Rançon d'un trône)*, Paramount (1923).
98/99 Marlene Dietrich dans *Angel*, Ernst Lubitsch, Paramount (1937).
100 *Funny Face (Drôle de frimousse*), Stanley Donen, Paramount (1957).
100/101 *Bonnie and Clyde*, Arthur Penn, Warner/Seven Arts (1967).
101bg Alain Delon et Jean-Paul Belmondo dans *Borsalino*, Jacques Deray (1969).
101bd *Marie-Antoinette*, Woody S. Van Dyke, MGM (1938).
102g Dessin pour les costumes de *La Fille de d'Artagnan*, Bertrand Tavernier, Little Bear (1994).
102m Studio MGM.
102/103 Atelier de confection de costumes.
103g Dessin pour les costumes de *La Fille de d'Artagnan, ibid*.
104/105 William Thomas devant les ateliers de la Paramount.
105 *Bugsy Malone*, Alan Parker, Rank (1976).
106 Max Factor et Renée Adorée sur le tournage de *La Bohème*, King Vidor, MGM (1927).
107h Tournage du film *Little Big Man*, Arthur Penn, Stuart Millar (1969).
107c Tournage du film *Little Big Man, ibid.*
107b Maquilleur de la Dynastie Westmore.
108/109 Marlon Brando dans *Désirée,* Henry Koster, 20th Century Fox (1954).
109h *One Million Years B.C. (Un million d'années avant Jésus Christ),* Don Chaffey, Hammer Films (1966).
109b *La Guerre du Feu*, Jean-Jacques Annaud (1981).
110/111 *2001 Odyssée de l'espace*, Stanley Kubrick, MGM/Kubrick (1968).
111 *Barbarella*, Roger Vadim, Dino De Laurentis (1967).

112 *White nights (Soleil de nuit)*, Taylord Ackford (1985).

TEMOIGNAGES ET DOCUMENTS

113 Yasujiro Ozu lisant son scénario.
114 Tournage de *Moby Dick*, John Huston, JH Moulin Pictures (1954).
116 Angela Allen, scripte, John Huston, Lord Kilbracken et Gregory Peck sur le tournage de *Moby Dick, ibid.*
120 Nathalie Wood et George Chakiris dans *West Side Story*, Robert Wise, RW/ Mirish Pictures/Seven Arts (1961).
123 Irene Sharaff.
124hg Theda Bara dans *Cleopatra*, J. Gordon Edwards, Fox (1917).
124bg Claudette Colbert dans *Cleopatra*, Cecil B. DeMille, Paramount (1934).
124d Vivien Leigh dans *Caesar and Cleopatra (César et Cléopâtre)* Gabriel Pascal, Gabriel Pascal/Rank (1946).
125 *Cleopatra*, Joseph Mankiewicz, 20th Century Fox (1963).
126 *Komonosu-Jo (Le Château de l'araignée)* Akira Kurosawa, Toho (1957).
130 Catherine Deneuve, Nino Castelnuovo et Jacques Demy sur le tournage des *Parapluies de Cherbourg*, Jacques Demy, Mag Bodard (1963).
131 Michel Legrand et Jacques Demy.
132 Catherine Deneuve dans *Les Parapluies de Cherbourg, ibid.*

INDEX

CRÉDITS PHOTOGRAPHIQUES

AKG, Berlin 13, 22, 63h. Archive-Photos, Paris 16d, 48b, 65, 102/103. Archive-Photos/Ed Cronenweth 37. Archive-Photos/Frank Edwards 47g. Archive Photos/Pathé 52. Archives Prévert/Bachelot 42/43. Archives Trauner 83h. BFI, Londres 2me plat, 21, 71, 74h, 81, 102m, 110/111, 124bg. Bibliothèque de l'Arsenal, Paris 33, 58. BIFI/Coll. Cinémathèque française/DR 51, 70/71. Ciné-Plus, Paris 36/37, 44h, 74/75, 75. Coll Cat's, Paris 12, 16c, 20bd, 24/25, 30, 50, 64/65, 80, 84/85, 97, 100, 100/101, 101bg, 105, 111. Coll. Christophe L., Paris 1, 18/19, 23b, 55b, 63b, 66/67. Coll. Dominique Lebrun 17, 23b, 34, 38, 52/53, 56, 57b, 74b, 98/99, 106, 108/109, 123. Coll. Cahiers du cinéma, Paris 25, 31, 55h, 88d. Coll. Cahiers du cinéma/Claude Dityvon 39b. Coll. Janine et Guy Bertrand 36. Coll. J. P. Berthomé 1er plat, 15, 18g, 28/29, 30/31, 44/45, 47d, 48h, 53, 54g, 54d, 58/59, 59, 68/69, 76/77, 78h, 79, 80/81, 88g, 90g, 91b, 91d, 92/93, 92h, 93, 94, 95 98, 101bd, 102g, 103g, 107b, 109h, 113, 124hg, 124d, 126, 130, 131, 132. D. R. 28h. Erato films 40. Films sans frontières 49h. Gaumont 1995, tous droits de reproduction et de représentation réservés à Gaumont, Paris 14b, 14h, 82, 82/83, 85h, 85b. Ikona/PS Ongaro 38/39. Institut Lumière, Lyon/DR 19, 20h, 41, 70hd. Institut Roi de Sicile 1, 2/3, 4/5, 6/7, 8/9, 23h, 26h, 29b, 32, 39h, 46, 66, 73, 125. Les Films du Carrosse 22/23. Luc Roux/Studio Magazine 40/41. Magnum, Paris 35h. Magnum/Eve Arnold 112. Magnum/Ernst Haas 20bg, 107c, 107h, 116, 120. Magnum/David Hurn 90/91. Magnum/Erich Lessing 114. Magnum/S. McCurry 62/63. Magnum/Inge Morath 26/27. Salomé/Paris 60/61. Sipa Press, Paris 44b. Stills, Paris 72. Stills/D. Darzacq 57h. Stills/Ben Glass 68. Stills/P. Jacobs 104/105. Stills/Jean Pagliuso 69. Sygma/Bruno Barbier, Paris 109b. Sygma/J. Bryson dos. Sygma/Tony Costa 87. Sygma/JP Fizet 60d, 60g, 61d, 61d. Sygma/E. George, 34/35, 86/87. Sygma/D. James 11. Sygma/F de Lafosse 86bg, 86bd. Sygma/E. Lari 78/79, 96. UPI/Bettman, Londres 16g, 46/47, 89.

REMERCIEMENTS

L'auteur remercie chaleureusement Vincent Amiel, Bernard Chevojon et François Thomas. L'éditeur remercie Raymond Chirat et Philippe Page de l'Institut Lumière (Lyon), Carla Bertini chez Icona et Hugues Bachelot pour leur précieuse collaboration.

ÉDITION ET FABRICATION

DÉCOUVERTES GALLIMARD
DIRECTION Pierre Marchand et Elisabeth de Farcy
GRAPHISME Alain Gouessant. FABRICATION Violaine Grare. PROMOTION-PRESSE Valérie Tolstoï

LES ATELIERS DU 7E ART. 1/ AVANT LE CLAP
EDITION Odile Zimmermann. MAQUETTE Vincent Lever (corpus couleur) et Dominique Guillaumin (Témoignages et Documents). ICONOGRAPHIE Marie Borel. LECTURE-CORRECTION Annabelle Viret et Catherine Lévine. PHOTOGRAVURE Azer. MONTAGE PAO Paragramme.

Table des matières